Un niño autónomo, seguro de sí mismo y realizado

SYLVIE D'ESCLAIBES   NOÉMIE D'ESCLAIBES

150 ACTIVIDADES
MONTESSORI
en casa

de 0-6 años

edaf

Título original: *150 Activités Montessori à la maison*
© 2017, Leduc.s Éditions. 29, Boulevard Raspail 75007 París - Francia
© 2018, Sylvie D'Esclaibes y Noémie D'Esclaibes
© 2018, De esta edición: Editorial Edaf S.L.U., por acuerdo con A.C.E.R. Agencia Literaria, C/ Amor de Dios
© 2018. De la traducción: Alberto Beneytez Alemany

Editorial Edaf, S.L.U.
Jorge Juan, 68,
28009 Madrid, España
Teléf.: (34) 91 435 82 60
www.edaf.net
edaf@edaf.net

Ediciones Algaba, S.A. de C.V.
Calle 21, Poniente 3323 - Entre la 33 sur y la 35 sur
Colonia Belisario Domínguez
Puebla 72180 México
Telf.: 52 22 22 11 13 87
jaime.breton@edaf.com.mx

Edaf del Plata, S.A.
Chile, 2222
1227 Buenos Aires (Argentina)
edaf4@speedy.com.ar

Edaf Chile, S.A.
Coyancura, 2270, oficina 914, Providencia
Santiago - Chile
comercialedafchile@edafchile.cl

Queda prohibida, salvo excepción prevista en la ley, cualquier forma de reproducción, distribución, comunicación pública y transformación de esta obra sin contar con la autorización de los titulares de la propiedad intelectual. La infracción de los derechos mencionados puede ser constitutiva de delito contra la propiedad intelectual (art. 270 y siguientes del Código Penal). El Centro Español de Derechos Reprográficos (CEDRO) vela por el respeto de los citados derechos.

Enero de 2019

ISBN: 978-84-414-3919-1
Depósito legal: M-302-2019

PRINTED IN SPAIN   IMPRESO EN ESPAÑA
                            COFÁS

ÍNDICE

INTRODUCCIÓN	7
PARTE 1. VIDA PRÁCTICA	21
PARTE 2. VIDA SENSORIAL	95
PARTE 3. MATEMÁTICAS	135
PARTE 4. LENGUAJE	147
PARTE 5. CULTURA	183
CONCLUSIÓN	251
ÍNDICE DE ACTIVIDADES POR EDADES	257
TABLA DE CONTENIDOS	263

INTRODUCCIÓN

Aunque Maria Montessori recomendó la escolarización de los niños más pronto que los anteriores pedagogos, otorgó a los padres la total responsabilidad de la educación de los más pequeños.

«Los tres primeros años de la vida del niño son fundamentales. Si consideramos las transformaciones, las adaptaciones, las realizaciones, la conquista del entorno..., todas actividades a las cuales el niño se tiene que entregar entre 0 y 3 años, podemos considerar que este primer periodo de la vida es, desde un punto de vista práctico y funcional, más largo que el que se extiende desde los 3 años hasta la muerte. Las necesidades del niño durante ese periodo son tan imperiosas que no podemos ignorarlas sin graves consecuencias para el porvenir (Maria Montessori).

Maria Montessori es una célebre pedagoga italiana nacida en 1870, que con 26 años se convirtió en una de las primeras médicas de Italia.

Ocupándose al principio de la educación de niños discapacitados, observa que necesitan actividad para progresar y usar sus manos para desarrollar su inteligencia. Se interesa entonces por el trabajo de Seguin con sordomudos y de Itard sobre el niño salvaje y manda fabricar el material para los niños

> *Maria Montessori es una célebre pedagoga italiana nacida en 1870*

discapacitados que Itard y Seguin habían diseñado. En muy poco tiempo los niños hacen enormes progresos.

Maria Montessori, a continuación, tiene la idea de utilizar estos métodos para la educación de niños sin discapacidades.

En 1907 inaugura la primera *Casa dei Bambini,* donde se hace cargo de niños de 3 a 6 años sin escolarizar, abandonados, que sobreviven por sí solos en las calles de San Lorenzo, un suburbio muy desfavorecido de Roma.

Esta «Casa de los niños» se convierte en un auténtico laboratorio de investigación pedagógico donde la doctora va a desarrollar la «pedagogía Montessori» a partir de sus descubrimientos y sus observaciones.

En un año varias «Casas de los niños» abren en Italia en las cuales Maria Montessori forma numerosos docentes. Progresa y afina sin cesar sus ideas y material pedagógico. A esto le sigue la creación de otros centros en Europa y en los Estados Unidos.

En 1934, huyendo del fascismo en Italia, llega a España donde pronto estalla la Guerra Civil. Como consecuencia de ello, se marcha hacia el Reino Unido y después a los Países Bajos. Reside también en la India, donde coincide y se reúne con Gandhi, Nehru y Tagore, durante la Segunda Guerra Mundial, y crea allí numerosas escuelas Montessori.

En 1952, Maria Montessori vuelve a Europa, primero a Italia, pero escoge al final instalarse en Holanda, donde fallece a los 82 años.

Hay hoy en día unas 22 000 escuelas Montessori en el mundo.

INTRODUCCIÓN

Su hijo Mario ha seguido con su obra y hoy en día existen unas 22 000 escuelas Montessori en el mundo.

Muchas celebridades han recibido una educación Montessori. Entre ellas:
- Larry Page y Sergey Brin, los cofundadores de Google;
- Jeffrey Bezos, el fundador de Amazon;
- Katharine Graham, propietaria y editora del *Washington Post*;
- Gabriel García Márquez, Premio Nobel de Literatura.

Para Maria Montessori, la gran misión social consistía en asegurar al niño justicia, armonía y amor. Consideraba que la educación era nuestra única manera de construir un mundo nuevo y de construir la paz.

Su primer gran descubrimiento es el de la importancia de la atención en el niño. Escribió en su libro *La mente absorbente del niño*: «*El primer camino que el niño debe encontrar es el de la concentración y la consecuencia de la concentración es el desarrollo del sentido social*».

> *Su primer gran descubrimiento es la importancia de la atención en el niño.*

Entiende entonces que se tiene que implementar todo un entorno para permitir el desarrollo de la concentración en el niño, factor que le ayudará en todos los ámbitos de la vida.

Su segundo descubrimiento es el de los «periodos sensibles». Según Maria Montessori, cada niño es único, tiene su propia personalidad, su ritmo de vida, sus cualidades y sus eventuales dificultades, y atraviesa periodos sensibles. Estos son momentos en la vida del niño en los que se encuentra por completo «absorbido» por una sensibilidad

> *Su segundo descubrimiento es el de los «periodos sensibles».*

particular. Estos periodos son temporales y si en ellos el entorno propone desarrollar esa sensibilidad y además, el adulto sabe presentarla al niño, este lo absorberá todo con especial facilidad y sentirá una sensación de bienestar total. Una vez haya pasado la fase sensible, la adquisición es mucho más difícil: «Si el niño no ha podido obedecer a las directivas de su periodo sensible, se pierde la oportunidad de una conquista natural, oportunidad perdida para siempre».

Asimismo Maria Montessori descubrió que los niños tienen cualidades innatas, son unos exploradores de su entorno, medio gracias al cual experimentan de manera continua: *«Sintiendo curiosidad por todo, capaces de una extraordinaria concentración y dispuestos a absorber todo como las esponjas absorben el agua»*. Nociones anotadas y recordadas en su libro *La mente absorbente del niño*. Con esto, la doctora Montessori muestra que el niño está en perpetuo proceso de aprendizaje.

Asimismo Maria Montessori descubrió que los niños tienen cualidades innatas.

El adulto tiene que ser capaz de observar los periodos sensibles atravesados por el niño con el objetivo de instalar en su entorno todo el material que le permitirá construirse y aprender. El adulto tiene que también ser capaz de presentar de manera correcta el material que va a poner a disposición del niño – material que tiene que responder a unas características muy precisas definidas por Maria Montessori a raíz de sus observaciones.

Los periodos sensibles son:
- El periodo sensible del lenguaje, entre 2 meses y 6 años;
- El periodo sensible de la coordinación de los movimientos, entre 12 meses y 4 años;
- El periodo sensible del orden, desde el nacimiento hasta alrededor de los 6 años;

INTRODUCCIÓN

- El periodo sensible del afinamiento de los sentidos, desde el nacimiento hasta alrededor de los 5 años;
- El periodo sensible del comportamiento social, a partir de los 2 años y medio hasta alrededor de los 6 años.

Ser consciente de la existencia de estos periodos sensibles nos permite ayudar al niño de diversas maneras.

Podemos determinar los periodos sensibles del niño de manera sencilla. Por ejemplo, cuando atraviesa la etapa sensible del aprendizaje de la lectura, incluida en la del habla, el niño pregunta sin parar cuál es el significado de tal o tal letra, puede pedir construir palabras, intenta descifrar las etiquetas de los envoltorios, los paneles en las carreteras, etc. Cuando entra en el periodo de las matemáticas, presente también en el periodo del habla, empieza a contar sin descanso: sus cochecitos, sus pasos, las manzanas en el frutero, etc.

> *Los periodos sensibles son imposibles de generar, ni se pueden posponer, ni se alargan, ni se anulan. Solo podemos adaptarnos a ellos y crear un entorno propicio.*

¡Cuidado! Los periodos sensibles son imposibles de generar, ni se pueden posponer, ni se alargan, ni se anulan. Solo podemos adaptarnos a ellos y crear un entorno propicio.

Maria Montessori definió varios planes de desarrollo del niño.

Entre ellos, un primer plan de 0 a 3 años, que bautizó como la «etapa psicoembrionaria» en su libro *La mente absorbente* del niño. Se trata de un momento donde todo se construye, todo se crea. El niño posee el «espíritu absorbente»: «El niño pequeño está dotado de poderes desconocidos que pueden guiarle hacia un luminoso porvenir».

> *Entre 0 y 3 años, el niño posee el don del «espíritu absorbente».*

Durante ese periodo el niño se va a nutrir de todo lo que le rodea; por lo tanto, el adulto tiene que asumir el papel de preparar el entorno para que el niño pueda extraer todos los elementos necesarios para su construcción.

Observar al niño será una tarea esencial pero difícil. En efecto, es indispensable observar olvidándose de lo que queremos ver.

Uno de los grandes principios de Maria Montessori para los niños pequeños atañía al papel del adulto: hacer vivir al niño en un entorno fundado sobre el orden y los límites aplicando el siguiente precepto: un adulto preparado, un entorno preparado y libertad con responsabilidades.

> *Un adulto preparado, un entorno preparado, y libertad con responsabilidades.*

UN ADULTO PREPARADO

La primera ayuda que el adulto debe aportar al niño es la de servir como modelo a través del autocontrol y una manera ordenada de vivir su vida.

Sabiendo que el niño está inmerso por completo en su periodo sensible del orden, el adulto debe obligarse a preparar un entorno ordenado y estructurado. Obrando así, permitirá al niño desarrollar su orden mental.

> *Servir como modelo a través de un control de sí mismo y una manera ordenada de vivir su vida.*

UN ENTORNO PREPARADO

Este entorno tiene que ofrecer al niño la oportunidad de concentrarse en sus capacidades.

Dicho entorno al no encontrarse presente en la naturaleza, tiene que ser creado, siendo esta una tarea indispensable.

El adulto debe poseer conocimientos científicos sobre la evolución del niño y adoptar una actitud favorable hacia este. | *Al no encontrarse en la naturaleza, es fundamental crear dicho entorno.*

El entorno debe prepararse con amor y contener objetos destinados a actividades constructivas «El amor sin conocimientos no lleva a nada».

Por último, los objetos deben ser presentados mostrando su uso correcto.

El niño aprende observando a su alrededor; por lo tanto, el educador es un modelo.

EL MATERIAL

Los padres que deseen implementar un entorno Montessori para su niño en casa tendrán que respetar ciertas reglas.

- **La mayor parte del material se colocará en bandejas con las que el niño podrá desplazarse.** Este material tendrá que presentar cualidades estéticas, ofrecerse completo y preparado para responder a las ganas de aprender del niño.

- **Este material se dejará al alcance del niño y se ordenará por categorías:**

    - vida práctica
    - vida sensorial
    - matemáticas
    - desarrollo del lenguaje e iniciación a la lectura
    - cultura (historia, geografía y ciencias).

- Es importante reservar un lugar especial para el material Montessori y no mezclarlo con los juguetes del niño. Si no disponemos de habitación reservada para dicho material, hay que asignarle una o varias estanterías y poder aplicar un orden sistemático para que las bandejas y las cestas de diferentes categorías no se mezclen consiguiendo de este modo determinar cuál es su sitio y como tal que no se pueda cambiar.

- Solo se ofrecerá el material que haya sido presentado con anterioridad al niño por el adulto para evitar que este lo use de manera incorrecta y se enfrente a una situación de fracaso, o no llegue a alcanzar los objetivos perseguidos.

- Si tenemos varios niños, habrá que preparar material adecuado al nivel de desarrollo de cada uno de ellos.

- Es importante establecer puntos de referencia en las estanterías, para que el niño pueda guardar el material en el sitio correcto y volver a encontrar siempre la actividad que ha escogido.

- **El material debe colocarse siempre en su lugar de inicio de nuevo y ser recogido después de su utilización.** Por lo tanto, será bueno preparar puntos de referencia para que el niño pueda colocar la bandeja o la cesta en el sitio correcto (una pegatina, fotos, etc.).

INTRODUCCIÓN

- **No se preparan varias bandejas o cestas con una idéntica actividad,** el niño debe aprender a esperar si quiere hacer una actividad que está siendo utilizada por otro.

- **Las bandejas o las cestas deben cambiarse de manera regular pero no todos los días,** porque el niño aprende por repetición y necesita rehacer la misma actividad con el mismo material varias veces. Habrá que observar detenidamente al niño para saber en qué momento se encuentra y si el material ofrecido le sigue satisfaciendo.

- **Hay que tener mucho cuidado en no presentar al niño un material que sea muy difícil para él;** si fracasa, perderá su confianza y ya no se atreverá.

- Hay que observar al niño y en cuanto notemos que domina un material le propondremos una dificultad suplementaria.

- Cuando el adulto prepara el material, este tendrá que presentar una sola dificultad. Es importante entrenarse realizando por uno mismo la actividad para evaluar el nivel de dificultad.

- El material debe incluir siempre, en la medida de lo posible, el control de error para que el niño se dé cuenta solo de sus errores y pueda corregirlos y así poder progresar.

Si mantenemos en mente estos principios **(material estético, una sola dificultad a la vez, control de error)** podemos sin inconvenientes implementar material Montessori en casa sin tener que procurarse «auténtico» material Montessori.

Esto permite a numerosos niños beneficiarse de esta pedagogía sin estar inscritos en una escuela Montessori y sin embargo desarrollar las principales metas del método Montessori en casa:

- desarrollo de la autonomía
- desarrollo de la concentración
- desarrollo de la confianza en sí mismo y en el adulto
- desarrollo de la motricidad fina
- desarrollo de los sentidos
- conocimiento del mundo

PRESENTACIÓN DE LA ACTIVIDAD

¡La actitud del adulto es muy importante!

- **Nunca frenar al niño, ni impedirle profundizar una noción si así lo desea.** Por supuesto, si focaliza demasiado en una actividad concreta, hay que intentar llevarle hacia otra área o ejercicio a partir de esa «obsesión».

- **Nunca pronunciar palabras hirientes, ni ponerse nervioso,** nunca hay que suspirar y tenemos que tener mucho cuidado con las palabras empleadas que pudieran herir al niño, pues no se atrevería a comenzar nuevas actividades.

- **Nunca decirle «Te has confundido», «Está mal», etc.** Hay que dejarle que busque sus soluciones y así desarrollar su raciocinio y su creatividad.

Además, es muy importante escoger un momento en el que podamos dedicarle tiempo al niño y mostrar nuestro entusiasmo por lo que hacemos con él.

INTRODUCCIÓN

Un material nuevo tendrá siempre que presentarse al niño respetando los siguientes puntos:

- Invita el niño a hacer la actividad («Si quieres, hoy, voy a presentarte...»).

- Ve con él hacia la estantería a buscar la bandeja, la cesta o el material.

- Coloca la bandeja sobre una mesa o una alfombra delante del niño.

- Colócate del lado dominante del niño (si es diestro, o, si no lo sabemos, a la derecha; a la izquierda, si es zurdo).

- **Sobre todo no hables durante la presentación,** dile al niño: «Mira lo que hacen mis manos». Si le hablas, hazlo muy bajito.

- Sonríe al niño.

- **Haz la presentación con la mayor lentitud posible,** a través de varios pasos, para que el niño entienda el objetivo de la actividad.

- Cabe la posibilidad de empezar la demostración, y luego preguntarle al niño si quiere seguir, o hacer la presentación hasta el final y entonces ofrecer al niño que la haga.

- Siempre hay que devolver el material a su estado inicial.

- Cuando el niño haya terminado la actividad, tiene que colocar la bandeja donde la ha encontrado.

- Al final de la lección, puedes presentarle al niño el material colocado encima de la bandeja o en la cesta enseñándole el vocabulario apropiado.

La presentación por el adulto debe ser siempre la misma para que el niño pueda absorberla.

Una vez hecha la presentación, si nos damos cuenta de que el niño no hace bien la actividad, no debemos decir nada en el momento, pero sí acordarnos de ello y volver a hacer la presentación más tarde.

Sin embargo, una vez presentada la actividad, hay que dejar al niño trabajar en ella tanto tiempo como lo desee. Cuando empiece a usarla de manera incorrecta, después de realizarla bien varias veces, tendremos que retirarla y preparar otra en su lugar con una dificultad suplementaria.

> *Una vez presentada la actividad, hay que dejar al niño trabajar en ella tanto tiempo como lo desee.*

Si el niño no desea hacer otra vez la actividad, no hay que decir nada y debemos recogerla. Puede que no esté preparado o que no le interese.

En cambio, si el niño desvía el uso del material de su función y objetivo, no hay que dejarle hacer y hay que decirle con tranquilidad: «No es posible hacer eso con la bandeja, vamos a recogerlo y hacer otra cosa».

EL TRUCO EXTRA

Piensa en preparar, en todos los ámbitos, bandejas en las que se colocarán algunos elementos según las estaciones o eventos señalados. Así el niño descubrirá el ciclo de la vida, de las estaciones, de los meses, de las fiestas, y le ayudará a ubicarse mejor en nuestro planeta.

INTRODUCCIÓN

Todo esto contribuye al desarrollo de cualidades fundamentales en el niño que le harán muy feliz. Preparar las actividades, presentarlas y hacerlas juntos es también fuente de felicidad para el adulto; le permite ver a su niño con otros ojos y descubrir sus constantes y continuos progresos. Además, ayudará a desarrollar los talentos emergentes del niño y a mejorar en las áreas donde tenga dificultades.

Con estos pasos, el niño desarrollará una gran confianza en sus padres, en quienes reconocerá adultos benevolentes, siempre dispuestos a enriquecer su entorno en pos de su autoconstrucción y de su plenitud, tejiéndose así unas relaciones en los que impera la armonía entre el niño y el adulto.

Se tejerán así unas relaciones muy armoniosas entre el niño y el adulto.

VIDA PRÁCTICA

Capítulo 1
Preparación y presentación

Desde una edad muy temprana, al niño le encanta acompañar al adulto en todas sus tareas cotidianas; es lo que llamamos la «vida práctica».

El pequeño puede empezar con estas actividades en cuanto su motricidad fina esté lo bastante desarrollada.

Los ejercicios de vida práctica le darán la oportunidad de trabajar mucho con las manos, ayudándole a alcanzar un desarrollo global y equilibrado de su persona. Ejercitar las manos permite también el desarrollo de la inteligencia y un aumento considerable de la motricidad fina, condición necesaria más adelante para el agarre del lápiz. Este es el motivo por el cual enseñaremos siempre al niño el gesto de agarre con el pulgar, el índice y el dedo corazón (la «pinza»).

> *Los ejercicios de vida práctica le darán la oportunidad de trabajar mucho con las manos, ayudándole a alcanzar un desarrollo global y equilibrado de su persona.*

Estos ejercicios son primordiales para el desarrollo de la autonomía («Ayúdame a hacerlo solo»), de la concentración, del orden, de la confianza en sí mismo, del cuidado del entorno, etc. Para que un niño sea feliz, tiene que ser independiente y si lo es, conseguirá también crear una buena imagen de sí mismo.

El niño se encuentra en un estado de perpetuo aprendizaje. No olvidemos que lo que le interesa es la acción, en cambio para un adulto, lo determinante es el resultado (un niño puede limpiar un espejo ya limpio, porque lo que le interesa es el hecho de limpiar).

> *El niño se encuentra en un estado de perpetuo aprendizaje.*

El niño desea trabajar, no quiere que alguien haga las cosas por él, quiere aprender a ser adulto. Por tanto, estos ejercicios son fundamentales y se pueden realizar a cualquier edad, permiten centrarse de nuevo y mejorar rasgos esenciales para aprendizajes futuros. En función de la edad del niño, por supuesto, se añadirán dificultades suplementarias (pero siempre una a la vez).

Algunos ejercicios, en particular los relativos al cuidado del entorno, se revelan como una preparación indirecta a las matemáticas, al exigir al niño que coloque el material en el orden en el que se va a usar antes de empezar la actividad. Por ejemplo, si la actividad es limpiar el espejo, el orden del material ubicado en la bandeja o en la mesa es el siguiente: primero, el producto de limpieza; luego, el algodón; a continuación el trapo para frotar, después unos bastoncillos para repasar los ángulos y, para terminar, un último trapo para quitar todos los restos del producto. De este modo, el niño desarrollará a la vez su raciocinio y el concepto de orden concreto en la ejecución de las tareas.

> *Las actividades de vida práctica deben ser cíclicas, con un principio, un punto de desarrollo intermedio, y un final.*

Las actividades de la vida práctica deben ser cíclicas, han de incorporar un principio, un punto de desarrollo intermedio y un final. Es muy importante que el adulto las realice varias veces antes de presentarlas al niño, para asegurarse de que sean interesantes y viables (por ejemplo, en un ejercicio de cuchara con pequeñas semillas, hay que verificar que la cuchara permita coger hasta las últimas semillas).

Además, es fundamental que la presentación por el adulto sea fluida y parezca fácil.

Para un niño muy pequeño (de unos 15 meses), la actividad tiene que ser muy sencilla y no se pasará a la actividad siguiente hasta que la anterior no esté asimilada. Por ejemplo, si deseamos que el niño nos acompañe en la preparación de unas verduras para una sopa, primero tendrá que dominar el lavado de las verduras, después podremos pasar a pelarlas (si fuera necesario) para terminar cortándolas. El ejercicio no debe combinar estas tres acciones en una misma bandeja.

PREPARACIÓN DE LOS EJERCICIOS

Los ejercicios de vida práctica son muy divertidos de preparar y el niño siempre se alegra mucho al descubrir una nueva bandeja.

- **Por lo general, los ejercicios de vida práctica se preparan encima de una bandeja o en una cesta.** La mejor opción es escoger bandejas de madera, blancas o de un único color, para no desviar la concentración del niño. Ciertas bandejas tienen asas a cada lado, lo cual facilita su manejo para los niños muy pequeños.

- **Usamos materiales «auténticos» que se puedan romper y no juguetes de plástico.** Es importante escoger siempre recipientes bonitos y con formas equilibradas con el objetivo de que el niño desarrolle su sentido de la estética y se vea atraído por la bandeja. Hay que pensar en variar también los materiales de dichos recipientes: madera, porcelana, etc.

- Cuidado con el peso: el niño tiene que poder llevar la bandeja ¡sin riesgo de que se caiga todo!

- Es preferible instalar una pequeña mesa cerca de la estantería de vida práctica para que el niño no tenga que recorrer una distancia demasiada larga llevando la bandeja.

- **Las bandejas o cestas se colocarán sobre la estantería de la más fácil a la más difícil, de izquierda a derecha y de arriba hacia abajo,** para preparar de manera indirecta el niño al sentido de la escritura. Sobra decir que para las culturas donde se escribe de derecha a izquierda, colocaremos las bandejas de derecha a izquierda.

- Con el objetivo de poder devolver la bandeja a su sitio en su estado original, no olvidaremos poner siempre a disposición del niño suficiente material para reponer lo que se ha gastado o ensuciado durante una actividad, como por ejemplo, pequeños trapos secos, algodones limpios, etc. Tiene que tener acceso también a un tendedero para que los trapos mojados se puedan secar, un pequeño cubo de basura para tirar lo que ya no sirve. Lo mejor es tener del mismo modo un acceso al agua para que pueda rellenar y vaciar él mismo las jarras o barreños. Si no puede ser, podemos poner a su alcance una jarra de agua limpia para rellenar recipientes cuando sea necesario y un pequeño cubo para el agua sucia.

PRESENTACIÓN DE LOS EJERCICIOS

- Los ejercicios se presentan sobre una bandeja o una cesta colocada sobre la estantería dedicada a la vida práctica.

- **El niño se ejercita sobre una alfombra o sentado en una mesa** (algunos ejercicios son más fáciles de realizar de esta manera). Si trabaja sobre una mesa y la actividad no tiene bandeja, le hacemos poner un mantelillo para que trabaje sobre él; de este modo delimitamos su área de trabajo y disminuimos el ruido de los objetos que puedan caer sobre la mesa.

- Antes de empezar cualquier presentación, el adulto propone al niño: «¿Quieres que te presente la actividad?» Si el niño acepta, el adulto le llevará delante de la estantería para que pueda coger la bandeja o el cesto correspondiente a esa actividad.

- La presentación de la actividad se hace siempre colocando lo más cerca posible del niño la bandeja (por supuesto, sin que la presentación quede tapada por sus manos) y salvo los ejercicios que consisten en verter líquidos con una jarra, siempre se efectúan de izquierda a derecha y de arriba hacia abajo, una vez más, para preparar el niño al sentido de la escritura.

- Durante la presentación del ejercicio no se habla; solo diremos al niño: «Mira lo que hacen mis manos», ya que no se puede concentrar sobre nuestras palabras y nuestros gestos a la vez. Una vez terminada la presentación, podemos introducir el vocabulario relacionado con el material, y, una vez hecho esto, concluimos diciéndole: «Ahora que sabes hacer este ejercicio, puedes hacerlo toda las veces que quieras».

- **Los ejercicios de vida práctica siempre se vuelven a dejar en su estado original:** o bien el niño hace el ejercicio en los dos sentidos, o bien le damos la vuelta a la bandeja. Todo dependerá de la concentración del niño.

- Hemos de tener cuidado con poner demasiados elementos sobre la bandeja y que la actividad resulte demasiado larga, es preferible poner pocos al principio e ir añadiendo. Que el niño termine el ejercicio es un objetivo primordial; debido a ello, evitaremos una cantidad de material o un número excesivo de elementos a la hora de diseñar las actividades; en un ejercicio de vertido con cuchara, por ejemplo, pondremos pocas semillas.

- **La presentación es individual.** Otros niños pueden mirar, pero no participar.

- Los ejercicios de introducción a la vida práctica, como desenrollar y enrollar una alfombra, desplazar una silla, etc., deben ser los primeros en ser presentados, e incluso varias veces, así nos aseguraremos de que el niño trabaja de manera correcta.

- La colocación del material sobre la bandeja o la alfombra es muy importante: el niño se encuentra en su etapa sensible del orden y es fundamental que todo lo que se haga con él sea ordenado.

- El adulto deberá presentar siempre de la misma manera la actividad para evitar que las diferencias sean una fuente de estrés para el niño.

LOS DIFERENTES TIPOS DE EJERCICIOS

- Los ejercicios de introducción, que permitirán al niño sentar unas bases y unas pautas de trabajo correctas.

- Los ejercicios de habilidad motriz, cuyo objetivo principal será el desarrollo de la motricidad fina.

- Los ejercicios relacionados con el cuidado del entorno, con los que aprenderá a mantener y cuidar el espacio en el que vive y se desenvuelve.

- Los ejercicios relacionados con el cuidado de la persona, que le permitirán ser autónomo en todo lo que le concierne.

- Los ejercicios de gracia y cortesía, aprovechando que el niño se encuentra en una edad en la que portarse bien le hace muy feliz y es en ese momento en el que hará suyos los buenos hábitos y modales.

- Los ejercicios de comportamiento, dado que el niño se encuentra en plena etapa sensible del desarrollo de su motricidad global.

Capítulo 2
Las actividades

Transvasar pasta grande (macarrones)

Edad: 16 meses

Material

- 1 bandeja grande
- 2 recipientes grandes tipo bol idénticos
- Pasta grande tipo macarrones (alrededor de 6)

El recipiente con los macarrones se pondrá a la izquierda del niño.

Presentación

1. Ve a buscar la bandeja y dile al niño: «Hoy, si quieres, te voy a presentar un ejercicio de trasvase de pasta grande».
2. Sin hablar, coge un macarrón con las dos manos y déjalo con delicadeza en el otro bol. Haz lo mismo con el segundo y luego con el tercero.
3. Propón al niño seguir con el resto de los elementos.
4. Cuando todos los macarrones hayan sido transvasados, haz lo mismo en el otro sentido.
5. Concluye: «Ahora que sabes utilizar este material, podrás volver a hacer el ejercicio tantas veces como quieras».

6. Una vez que el niño ha terminado la actividad, pídele que coloque la bandeja en la estantería, también puedes acompañarle.

Si al niño se le cae un macarrón, espera a ver si lo vuelve a colocar en el bol. Si no lo hace, vuelve a colocarlo, sin decir nada.

Llevar una bandeja

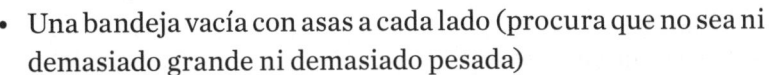
Edad: 18 meses

Material

- Una bandeja vacía con asas a cada lado (procura que no sea ni demasiado grande ni demasiado pesada)

Presentación

1. Coge la bandeja con las dos manos, una en cada lado de la bandeja.
2. Escoge dónde se va a dejar la bandeja.
3. Propón al niño que lleve la bandeja.

Poco a poco, podremos ir un paso más allá, poniendo objetos sobre la bandeja, luego unos boles con agua. También podremos proponer al niño que camine sobre una línea llevando la bandeja; primero, vacía y después con objetos encima.

Trasvasar semillas de un vaso de chupito a otro

Edad: 18 meses

Material

- 2 vasos de chupito
- Anacardos

Presentación

1. Coge la bandeja con las dos manos y llévala despacio a la mesa.
2. Colócala encima de la mesa con suavidad y siéntate.
3. Enseña el vaso con los anacardos.
4. Con el pulgar, el índice, y el dedo corazón («la pinza») coge ese vaso.
5. Llévalo hasta que esté justo encima del vaso vacío pero sin tocarlo (usando el dedo índice de la mano izquierda para aguantarlo si fuera necesario).
6. Despacio, vuelca el vaso hasta que los anacardos empiecen a caer.
7. Cuando el último anacardo haya caído, vuelve a colocar suavemente el vaso sobre la bandeja.
8. Recoge los anacardos que hayan podido caerse sobre la bandeja, la mesa o el suelo (este será el control de error).
9. Repite el ejercicio a la inversa.

Propón al niño hacer el ejercicio.

¡Seguridad ante todo, asegúrate de que el niño no se trague los anacardos!

Trasvasar pelotas de ping-pong con un colador

Edad: 18 meses

Material

- Una bandeja
- 2 recipientes de bambú
- 8 pelotas de ping-pong
- 1 colador con tamiz fino

El recipiente con las pelotas de ping-pong se colocará a la izquierda, y a la derecha pondremos el otro vacío.

Presentación

1. Lleva la bandeja y colócala en el centro de la mesa.
2. Pasa las pelotas del recipiente al colador.
3. Coge el colador con la «pinza» de la mano derecha y vete vertiendo con delicadeza una por una, las pelotas de ping-pong en el otro recipiente.
4. Cuando el primer recipiente esté vacío, vuelve a realizar el ejercicio en sentido contrario.
5. Propón al niño que haga el ejercicio él solo.

Si el niño desea realizar el ejercicio antes de que hayas terminado la presentación y lo hace con esmero, déjale. No es necesario que vea la presentación entera antes de poder hacer él mismo la actividad.

Escurrir una esponja

Edad: 18 meses

Material

- 2 barreños pequeños
- 1 jarra pequeña
- 1 esponja
- 1 hule
- 1 paño de cocina
- 1 delantal

Presentación

1. Ponte el delantal.
2. Lleva el hule a la mesa y desenróllalo despacio.
3. Lleva los dos barreños a la mesa y colócalos uno al lado del otro. Pon la esponja en la esquina superior izquierda del hule.
4. Llévate la jarra para llenarla en el lavabo.
5. Vierte el agua en el centro del barreño situado a la izquierda.
6. Seca con el paño la jarra y colócala en la esquina superior derecha de la mesa.
7. Mete la esponja en el barreño con agua, apriétala suavemente con las dos manos para que se empape mejor.
8. Saca la esponja del agua con la mano dominante y coloca la mano libre por debajo.
9. Con rapidez, lleva la esponja al segundo barreño y colócala en el centro.
10. Aprieta la esponja con la punta de los dedos de ambas manos para que salga el agua.
11. Cuando la mayor cantidad posible de agua haya salido, vuelve a colocar las manos en el centro de la esponja y aprieta de nuevo.
12. Métela en el barreño otra vez de la izquierda para empaparla de nuevo.

13. Sigue hasta que toda el agua haya sido trasvasada al segundo barreño.
14. Rehaz el ejercicio a la inversa.
15. Ve a vaciar el agua .
16. Seca los barreños.
17. Verifica que todas las superficies alrededor de la actividad no se hayan mojado.
18. Devuelve el material a su estantería.
19. Vuelve a colgar el delantal en su sitio.
20. Después de enseñar el ejercicio propón al niño que lo haga.

Con un niño pequeño, podrás hacer la actividad con una esponja grande y barreños grandes encima del hule pero colocado en el suelo.

Llevar una silla

Edad: 2 años

Material

- 1 silla pequeña del tamaño del niño

Presentación

1. Coloca la mano derecha detrás de la silla sobre el respaldo.
2. Coloca la mano izquierda delante de la silla a la altura del asiento.
3. Levanta la silla.
4. Llévala a otro sitio de la estancia.
5. Déjala de nuevo en el suelo con suavidad sin hacer ruido.
6. Colócala de nuevo en su sitio realizando la misma operación.

Cuando un niño se levante de su silla, insiste siempre con tranquilidad para que coloque en su sitio. Esta noción de orden y de modales es esencial.

Llevar y desenrollar una alfombra

Edad: 2 años

Material

- 1 alfombra de 70x120 cm

Presentación

1. Lleva la alfombra en vertical, cogiéndola por el medio con las dos manos.
2. Déjala en el suelo y desenróllala siempre de izquierda a derecha, agarrando una extremidad con la mano izquierda y desenrollando con la derecha.
3. Una vez desenrollada la alfombra, aplana las extremidades con la mano derecha.
4. Colócate en un extremo de la alfombra y enróllala con las dos manos.
5. Aprieta bien las dos extremidades para que no sobresalgan.
6. Devuelve la alfombra a su sitio, llevándola siempre en vertical con las dos manos en el medio.

Puedes ofrecer otros ejercicios con la alfombra.

YENDO UN POCO MÁS ALLÁ...

› Enseña al niño como caminar alrededor de la alfombra. Insiste en que camine despacio y con cuidado evitando los lados de la alfombra.
› Caminar lo más cerca de la alfombra.
› Caminar alrededor de la alfombra llevando objetos.

Trasvasar semillas con una cuchara

Material

- 1 bandeja
- 2 pequeños recipientes idénticos
- 1 cuchara
- Unas judías

El recipiente con las judías estará a la izquierda y el vacío a la derecha.

Presentación

1. Lleva la bandeja y colócala en el centro de la mesa.
2. Coge la cuchara con la mano derecha usando la «pinza» y lleva las judías al segundo recipiente.
3. Cuando hayas vaciado el primer recipiente, vuelve a realizar la actividad al revés.
4. Propón al niño que haga el ejercicio solo.

Puedes cambiar de vez en cuando el contenido: pasta, arroz, lentejas, sémola, etc. También puedes poner una cuchara diferente. Procura variar las sensaciones para suscitar la curiosidad del niño.

Trasvasar semillas de una jarra a otra

Edad: 2 años

Material

- 2 jarras idénticas que no pesen mucho
- 1 bandeja
- Judías

Presentación

1. Coge la bandeja con las dos manos y llévala a la mesa.
2. Colócala encima suavemente y siéntate.
3. Enseña la jarra con las judías y señala el pico vertedor por donde van a pasar las semillas (esta jarra tiene que colocarse a la derecha).
4. Levántala y colócala de tal manera que el pico vertedor esté justo encima de la jarra vacía, pero sin tocarla (usa el índice de la mano izquierda para aguantarla).
5. Levanta la jarra hasta que las judías empiecen a caer de manera lenta en el centro del recipiente vacío.
6. Cuando haya caído la última judía, vuelve a colocar despacio la jarra sobre la bandeja.
7. Recoge las judías que hayan podido caer sobre la bandeja, la mesa o el suelo (este es el control de error).
8. Repite el ejercicio a la inversa.
9. Propón al niño que haga el ejercicio.

Usar formas adhesivas

Material

- 1 bandeja
- 1 caja con formas adhesivas con agua
- 1 caja con hojas de 14x14 cm en las cuales habremos dibujado los contornos de las formas que hay que pegar
- 2 pequeñas esponjas (una un poco humedecida y otra seca) cada una en un pequeño cuenco

Presentación

1. Ve a buscar la bandeja y ponla delante del niño.
2. Saca los objetos según su orden de uso, de izquierda a derecha.
3. Coge una hoja y colócala delante de ti.
4. Coge de la caja la forma que corresponda al contorno que esté más arriba a la izquierda.
5. Pon la forma adhesiva sobre la pequeña esponja húmeda.
6. Coloca la forma en el interior del contorno.
7. Presiona con la esponja seca.
8. Invita al niño a que siga.
9. Cuando haya terminado la actividad, pídele que coloque la bandeja en la estantería.

Manipular pinzas para tender la ropa

Edad: 2 años

Material

- 1 pequeña cesta
- 8 pinzas para tender la ropa (verifica que el niño puede manipularlas con facilidad)

Presentación

1. Lleva la cesta a la mesa.
2. Ponla en el centro.
3. Coge un extremo de una pinza entre el pulgar y el índice de la mano derecha y aprieta hasta que los dos extremos se toquen bajo los dedos.
4. Mantén la pinza perpendicular al borde de la cesta, bájala despacio hasta el borde y no aprietes más.
5. Haz lo mismo con el resto de pinzas.
6. Vuelve a colocar las pinzas en la cesta siguiendo la misma pauta.
7. Coloca de nuevo el material sobre la estantería.

Coger conchas de caracoles

Edad: 2 años

Material

- 1 bandeja con una pinza para caracoles
- 1 pequeña cesta con 6 conchas de caracoles
- 1 pequeño plato con 6 alvéolos para servir caracoles

Presentación

1. Lleva la bandeja a la mesa.
2. Enseña la pinza.
3. Con delicadeza coge la pinza cuyo mango estará a la derecha.
4. Agarra una concha de la cesta situada a la izquierda en la bandeja y colócala en el alvéolo que esté lo más arriba a la izquierda posible.
5. Coge una segunda concha y colócala arriba a la derecha.
6. Invita al niño a seguir con la actividad.
7. Una vez rellenados todos los alveolos, devuelve dos conchas (una tras otra) a la pequeña cesta, empezando por las que se colocaron primero en el plato.
8. Ofrécele al niño terminar.
9. Vuelve a colocar la bandeja en la estantería.

Poner la mesa

Edad: 2 años

Material

- 1 bandeja con: 1 plato, 1 tenedor, 1 cuchillo, un vaso, 1 cucharilla, 1 servilleta, 1 mantel individual
- 1 mantel individual de tela en el que esté dibujado el sitio de cada elemento (mantel autocorrectivo)

Presentación

1. Lleva la bandeja a la mesa.
2. Coloca el mantel individual.
3. Coloca el mantel autocorrectivo encima.
4. Traza con el dedo el contorno de la forma de los objetos dibujados sobre el mantel.
5. Coloca los objetos siguiendo este orden: plato, vaso, cubiertos.
6. Recoge todos los elementos en la bandeja siguiendo el orden inverso.
7. Propón al niño realizar la actividad.

Una vez el niño esté bien entrenado, podrá intentar poner la mesa sin mirar el mantel autocorrectivo. Lo usará para corregirse a sí mismo una vez que haya terminado de poner todos los elementos.

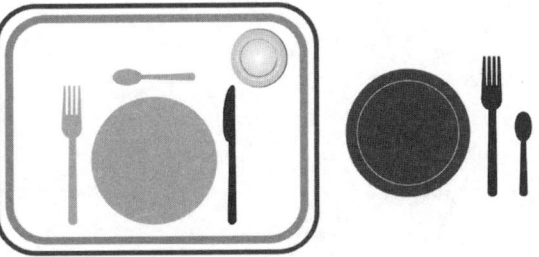

Set de mantel autocorrectivo

Ejercicios de gracia y cortesía

Edad: 2 años

De cara a desarrollar la confianza en sí mismo, la autoestima y una actitud benevolente hacia los otros es esencial proponer al niño ejercicios de gracia y cortesía. Entendemos por ello: aprender a poner la mano delante de la boca cuando se bosteza o se tose, aprender a sonarse, a decir buenos días, gracias, portarse bien fuera de casa, llamar a la puerta antes de entrar en una habitación, etc.

Hay que dedicar, de manera específica, un tiempo a la enseñanza de estos comportamientos haciendo simulaciones. Evita decirle al niño: «Di "Buenos días" a la señora» o «Da las gracias». Estos reflejos aparecerán de manera espontánea en el niño al entender sus beneficios, siempre y cuando inviertas un tiempo para el aprendizaje de las actitudes y los gestos correctos que hay que tener.

Trasvasar un líquido de un recipiente a otro

Edad: 2 años ½

Material

- 1 bandeja
- 2 jarras idénticas (una con agua)
- 1 esponja

Presentación

1. Enseña al niño cómo coger la jarra con la mano dominante (usando la «pinza»: pulgar, índice, y dedo corazón); pon el índice de la otra mano bajo el pico vertedor para controlar la velocidad de vertido.
2. Vierte despacio el agua en la otra jarra, fijándote cómo cae, procurando que los recipientes no se toquen.
3. Verterla hasta que la jarra esté vacía.
4. Usa la esponja para quitar gotas de agua en la jarra o el líquido derramado sobre la bandeja.
5. Vuelve a realizar el ejercicio a la inversa.
6. Usa la esponja para secar la jarra y la bandeja.
7. Tras enseñar la actividad, propón al niño que la realice.
8. Vuelve a colocar la bandeja en la estantería.

A los niños les gusta mucho las actividades con agua. No propongas esta actividad mientras no haya dominado el vertido de elementos secos y el ejercicio «escurrir una esponja».

Abrir un candado

Edad:
2 años ½

Material

- 1 bandeja
- 1 pequeña cesta con 4 candados de diferentes tamaños
- 1 pequeña cesta con las 4 llaves que permiten abrirlos (asegúrate de que una llave no pueda abrir varios candados)
- 1 pequeña alfombra

Presentación

1. Lleva la bandeja a la mesa y colócala en la esquina superior izquierda de la pequeña alfombra.
2. Coge un candado y ponlo en el centro de la alfombra.
3. Usando el pulgar, el índice y el dedo corazón de la mano que no sostiene el candado, coge una llave e intenta meterla.
4. Si no funciona, coge otra.
5. Cuando hayas encontrado la llave correcta (está bien que el niño vea que no la encuentras a la primera), abre el candado.
6. Coloca el candado abierto, en la parte superior izquierda de la alfombra y la llave a la derecha (pero no enfrente del candado).
7. Procede de la misma manera con otro candado, que colocarás debajo del primero y la llave correspondiente en la misma columna que la anterior.
8. Pídele al niño que siga.
9. Cuando todos los candados se hayan abierto, ciérralos uno por uno y ve devolviéndolos a su cesta.
10. Propón al niño que siga cerrando los candados y termine de colocarlos de nuevo en su cesta. De esta manera todo quedará recogido.
11. Lleva la bandeja a su sitio en la estantería.

Ejercicios sobre la línea

Edad:
2 años ½

Material

- 1 círculo pintado o dibujado en el suelo de una anchura de al menos 10 cm para que el niño pueda colocar con facilidad sus pies sobre la línea
- 1 bandera
- 1 cesta
- Unos pequeños cubos geométricos
- 1 campanilla
- 1 peso atado a una cuerda
- 1 vaso lleno de agua

Presentación 1

Es una presentación de grupo.

1. Pide a los niños que se pongan de pie sobre la línea.
2. Sepáralos para que entre ellos haya la misma distancia y enséñales cómo pisar con todo el pie para caminar sobre la línea.
3. Anímalos a que anden despacio y a dar pasos cada vez más reducidos hasta que su talón toque los dedos del otro pie. Esta tarea requiere cierto equilibrio.

Presentación 2

De forma gradual, a lo largo del año, puedes mostrar diferentes ejercicios a los niños para seguir despertando su interés y animarlos a andar de forma correcta. Al practicar todos estos ejercicios, el niño caminará pegando el talón a los dedos del otro pie.

1. Si un niño escoge llevar una bandera, deberá llevarla bien alta. Esto le ayudará a caminar con la cabeza erguida sin mirar los pies.
2. Llevar una cesta sobre la cabeza sin usar las manos y sin dejarla caer mientras camina.
3. Llevar los cubos más pequeños de la torre rosa* en la palma de su mano dominante sin que se caiga.
4. Caminar cogiendo una campanilla sin que haga ruido.
5. Sostener un peso colgando de una cuerda con la mano sin que este se balancee.
6. Llevar un vaso de vino lleno hasta arriba de agua coloreada sin derramarla.

---

*La torre rosa es un herramienta de aprendizaje del método Montessori.

Clasificar usando pinzas

Edad: 2 años ½

Material

- 1 bandeja
- 1 pinza marcadora de repostería (se usa para decorar, también llamada «*crimper*»)
- 1 pequeño bol trasparente con 3 pompones amarillos, 3 pompones azules
- 1 pequeño recipiente amarillo
- 1 pequeño recipiente azul

Presentación

1. Lleva la bandeja a la mesa
2. Enseña la pinza.
3. Coge suavemente la pinza marcadora cuyo mango tiene que estar orientado hacia la derecha.
4. Coge un pompón amarillo en el bol que se encuentra a la izquierda de la bandeja y déjalo en el recipiente de mismo color.
5. Coge un pompón azul y colócalo en el otro recipiente.
6. Invita al niño a seguir con la actividad.
7. Cuando el bol esté vacío, coge 2 pompones, uno por uno, y vuelve a colocarlos en el bol.
8. Propón al niño que termine.
9. Vuelve a colocar la bandeja en la estantería.

Puedes probar muchas variantes: clasificar un número mayor de colores, usar solo recipientes blancos para que el niño deduzca por sí mismo que tiene que clasificar por colores, según el tamaño, por formas, etc.

Transferir con un cuentagotas

Material

- 1 bandeja
- 1 cuentagotas
- 1 esponja
- 2 vasos pequeños idénticos

Presentación

1. Coge el cuentagotas con la «pinza».
2. Pellizca el cuentagotas para aspirar un poco de agua contenida en el primer vaso.
3. Trasvasa el agua en el segundo vaso, yendo de izquierda a derecha.
4. Continúa llevando el agua de un vaso a otro o propón al niño que siga.
5. Vuelve a realizar el ejercicio en sentido contrario.
6. Limpia con la esponja el agua derramada sobre la bandeja.
7. Vuelve a colocar la bandeja en su sitio.

Enroscar y desenroscar tapas de botes

Edad: 2 años ½

Material

- 1 bandeja
- 1 cesta provista de botes con tapas enroscadas (tienen que ser de diámetros diferentes)
- 1 pequeña alfombra

Presentación

1. Se extiende la pequeña alfombra.
2. Coloca la cesta en la esquina superior izquierda de la alfombra.
3. Enseña la pinza.
4. En el centro de la alfombra, desenrosca un bote con la mano dominante, la mano no dominante mantiene el bote encima de la mesa.
5. Deja el bote en la parte superior izquierda de la alfombra y la tapa a la derecha pero no enfrente.
6. Haz dos columnas: los botes a la izquierda y las tapas del lado derecho.
7. Cuando todos estén desenroscados, coge un bote con la mano no dominante, colócalo y mantenlo con firmeza en medio de la alfombra, coge la tapa que le corresponda y enrosca con la mano dominante.
8. Devuelve el bote con su tapa a la cesta.
9. Coge otro bote y vuelve a empezar, invita luego al niño a seguir con el ejercicio.

Abrir y cerrar cajas

Material

- 1 cesta
- 6 cajas de tamaños diferentes
- 1 pequeña alfombra

Presentación

1. Ve a buscar la cesta sobre la estantería y colócala en la esquina superior izquierda de la alfombra.
2. Coge una caja y colócala en medio de la alfombra.
3. Destápala con tu mano dominante.
4. Pon la base de la caja en la parte superior izquierda y la tapa a la derecha, pero procura que no esté enfrente.
5. Haz lo mismo con la segunda caja. Coloca la base por debajo de la anterior y la tapa justo debajo de la primera formando así dos columnas, pero sin que los elementos que encajen estén enfrente.
6. Invita al niño a seguir con la actividad.
7. Una vez que todas las cajas están colocadas así, coge la caja que esté más arriba a la izquierda y ponla en el centro de la alfombra.
8. Busca la tapa que le corresponde (¡no lo consigas a la primera!).
9. Cuando hayas encontrado la tapa correspondiente, colócala sobre la caja y devuelve el conjunto a la cesta.
10. Pídele al niño que termine.

Enroscar y desenroscar tuercas y tornillos

Edad: 2 años ½

Material

- 1 pequeña cesta
- Varios tuercas y tornillos de diferentes tamaños (por lo menos 5)
- 1 tapete de fieltro

Asegúrate de que una misma tuerca no se pueda enroscar en varios tornillos.

Presentación

1. Lleva la cesta con las tuercas y los tornillos a la mesa.
2. Déjala en la parte superior izquierda de la mesa.
3. Extiende el tapete.
4. Coge una tuerca con la mano izquierda.
5. Desenrosca la tuerca usando la «pinza» de la mano derecha.
6. Coloca el tornillo en el lado derecho del tapete.
7. Pon la tuerca en el lado izquierdo.
8. Procede de manera idéntica con todos los tornillos y tuercas.
9. Escoge una tuerca y encuentra el tornillo correspondiente.
10. Enrosca al tornillo girando solo la tuerca y devuelve la pareja formada a la cesta.
11. Sigue así hasta el final.
12. Dobla el tapete.
13. Vuelve a colocar la cesta en la estantería.

Colgar un abrigo de una percha

Edad: 2 años ½

Material

- 1 abrigo
- 1 percha
- 1 perchero

Procura que todo quede a la altura del niño.

Presentación

1. Pon el abrigo en el suelo.
2. Enseña la percha al niño con el gancho hacia arriba.
3. Colócala dentro del abrigo, en la manga izquierda y luego en la derecha.
4. Abotona el abrigo (consulta también la actividad: los bastidores para vestirse).
5. Cuelga la percha en el perchero.

Cortar papel

Edad: 3 años

Material

- 1 bandeja
- 1 tijeras
- 1 recipiente con tiras de papel marcadas como en el dibujo más abajo
- Pequeños sobres

Presentación

1. Lleva la bandeja a la mesa y colócala delante del niño.
2. Toma con delicadeza las tijeras y enséñale al niño como cogerlas.
3. Saca una tira de papel y corta por la primera línea a la izquierda.
4. Haz lo mismo con otra línea.
5. Invita al niño a que siga.
6. Una vez la tira cortada, pon todos los trozos de papel en un sobre.
7. Al terminar la actividad, pídele al niño que coloque la bandeja en la estantería.

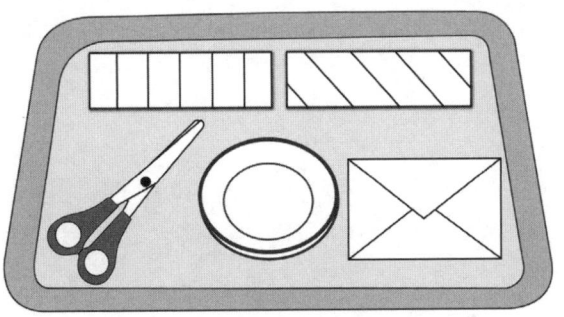

Bandeja con la actividad «cortar papel»

Enhebrar perlas

Material

- 1 bandeja
- 1 hilo con un nudo en una de las extremidades
- Unas perlas

Presentación

1. Lleva la bandeja a la mesa y colócala delante del niño.
2. Coge el hilo por la extremidad sin nudo.
3. Con la «pinza» de la mano dominante, coge una perla.
4. Enhébrala a lo largo del hilo.
5. Haz lo mismo con una segunda perla.
6. Invita al niño que prosiga con la actividad.

Para los niños más jóvenes, existen varillas con una bola fija y el niño debe enhebrar varias bolas por encima de esta (la varilla y las bolas son de madera).

Atornillar y desatornillar con destornilladores

Edad: 3 años

Material

- 1 bandeja
- 1 tablilla de madera en la cual hay entre 3 y 5 tacos con sus tornillos correspondientes y cuyas cabezas son diferentes (para que el niño se sirva de un destornillador distinto por tornillo)
- 1 cesta con diferentes destornilladores que correspondan a los tornillos (un número idéntico de destornilladores que de tornillos)
- 1 pequeña cesta

Presentación

1. Lleva la bandeja a la mesa.
2. Coge un destornillador.
3. Pruébalo con varios tornillos.
4. Cuando encuentres el tornillo correcto, destorníllalo.
5. Colócalo en la pequeña cesta.
6. Pídele al niño si quiere seguir.
7. Cuando hayas quitado todo los tornillos, atornilla uno de nuevo.
8. Pídele al niño que siga con el resto.
9. Devuelve la bandeja a la estantería.

Aprender a pegar

Edad: 3 años

Material

- 1 bandeja
- Unas hojas de 14x14 cm con algunos puntos (son indicaciones para que el niño sepa dónde pegar las formas; cuidado con dejar estos puntos bien espaciados)
- 1 pequeño tubo de pegamento
- 1 pequeño recipiente con bonitas formas de papel recortadas
- 1 pequeña esponja seca

Presentación

1. Lleva la bandeja a la mesa y ponla delante del niño.
2. Coge una hoja y enseña con el índice, sin hablar, los pequeños puntos de referencia.
3. Escoge una forma.
4. Abre el tubo de pegamento, pon un poco en la forma.
5. Posiciona la forma sobre uno de los puntos.
6. Presiona de manera repetida la forma con la esponja seca.
7. Cierra el pegamento.
8. Pregúntale al niño si quiere seguir.
9. Una vez terminada la actividad, devuelve la bandeja a su sitio.

Asegúrate antes de ofrecerle el ejercicio al niño, es capaz de abrir y cerrar solo el tubo de pegamento.

Usar un batidor de varillas

Edad: 3 años

Material

- 1 bandeja
- 1 jarra
- 1 gran bol
- Un poco de jabón líquido en una botella pequeña que se pueda cerrar
- 1 cuentagotas
- 1 batidor de varillas
- 1 esponja grande
- 1 pequeña servilleta

Presentación

1. Ve a buscar la bandeja y colócala delante del niño.
2. Saca todos los objetos respetando su orden de utilización, de izquierda a derecha.
3. Pídele al niño que ponga un poco de agua en la jarra.
4. Invítale a que vierta agua en el gran bol.
5. Abre la botella con jabón.
6. Agarra el cuentagotas usando «la pinza» de la mano derecha y coge un poco de jabón.
7. Vierte despacio tres gotas en el bol.
8. Sujeta el batidor entre las dos palmas de las manos y frótalas hasta que aparezca espuma.
9. Invita el niño a que haga lo mismo.
10. Cuando haya acabado la actividad, pídele al niño que vacíe el agua del bol.
11. Límpialo y sécalo con la esponja y la servilleta.
12. Cuelga la servilleta para que se seque y pon otra en la bandeja.
13. Vuelve a colocar la bandeja en la estantería.

Barrer

Edad: 3 años

Material

- 1 bandeja
- 1 pequeño bote con trocitos de papel
- 1 pequeño bote con una tiza blanca, si se puede trazar en el suelo (si no se puede, hay que usar un marco cuadrado plano y hueco)
- 1 escoba con las dimensiones adecuadas para el niño
- 1 recogedor y 1 escobilla

Présentation

1. Coloca el marco en lugar concreto en el suelo, o bien con la tiza, dibuja en el suelo un cuadrado cuyos lados sean de la misma dimensión que el recogedor.
2. Pon los trozos de papel alrededor del cuadrado.
3. Con la ayuda de la escoba, lleva los papeles al interior del cuadrado.
4. Con el recogedor y la escobilla, recoge los trozos de papel y devuélvelos a su bote, usa el recogedor colocándolo a cada lado del cuadrado marcado en el suelo.
5. Invita al niño a que reproduzca la actividad.

Marco plano para la actividad «barrer»

Usar el plumero

Edad: 3 años

Material

- 1 plumero

Presentación

1. Define una zona para desempolvar.
2. Si se trata, por ejemplo, de una estantería, en la cual se encuentran varios objetos, habrá que quitarlos todos.
3. Pasa el plumero de izquierda a derecha y de arriba hacia abajo.
4. Sujeta el plumero entre las palmas de las manos, plumas hacia abajo encima del cubo de la basura y haz caer el polvo.
5. Vuelve a colocar los elementos retirados.
6. Invita al niño a que haga el ejercicio.

El plumero se colocará siempre en un mismo sitio, al alcance del niño, para que pueda encontrarlo con facilidad cuando quiera usarlo.

Lavarse las manos

Edad: 3 años

Material

Haz esta actividad en un lavabo a la altura del niño, o prevé un pequeño mueble para ello; si no dispones de ello, haz el ejercicio encima de una mesa.

- 1 barreño
- 1 bandeja
- 1 jarra
- 1 pequeña esponja
- 1 jabón en un cuenco
- 1 toalla
- 1 cubo
- 1 cepillo para las uñas (se pueden añadir una lima y un tubo de crema hidratante para las manos)
- 1 hule

Presentación

1. Coloca el hule sobre la mesa y saca los elementos en su orden de utilización.
2. Enseña al niño donde puede encontrar agua templada para rellenar la jarra. Si el niño no llega a ningún lavabo, llena tú el recipiente.
3. Verte el agua en el barreño y limpia las gotas de agua con la esponja.
4. Remángate.
5. Mete las manos en el agua.
6. Coge el jabón y haz espuma con las manos.
7. Limpia de manera metódica cada dedo uno por uno (pulgar, luego índice, corazón, anular, acabando con el meñique).

8. Frota bien la palma y el dorso de la mano.
9. Aclara las manos.
10. Coge el cepillo para las uñas.
11. Frótalo un poco sobre el jabón y lava las uñas siguiendo el mismo orden que con los dedos.
12. Aclara las uñas.
13. Usa la limas si es necesario.
14. Coge la toalla y sécate las manos.
15. Sécate bien cada dedo uno por uno como en el paso 6.
16. Vacía el agua del barreño en el cubo.
17. Tiende la toalla para que se seque.
18. Ponte crema en las manos.
19. Coloca de nuevo los elementos de la actividad en la bandeja.

Bastidores para vestirse

Edad: 3 años

El objetivo con los bastidores es permitir al niño vestirse o manejar los diferentes tipos de cierres de la ropa con total autonomía. Para ello usaremos dos trozos de tela con los cierres, cuyo uso queremos enseñar, o que el niño desea aprender a usar, todo esto instalado sobre un bastidor o marco de madera.

La mejor manera de presentarlo sería del más sencillo al más complicado. Sin embargo, cabe la posibilidad de hacerlo sin respetar el orden de dificultad según lo que el niño necesite aprender a usar. (Por ejemplo: si tiene un abrigo con botones, podremos enseñárselo antes que la cremallera).

A continuación, tienes la lista de bastidores que puedes fabricar para tus niños:
- Velcro;
- Botones a presión;
- Cremallera;
- Botones grandes;
- Botones pequeños;
- Hebillas;
- Cordones;
- Imperdibles.

Si no puedes fabricarlos, preséntaselo al niño en la misma ropa.

Aquí tienes la presentación para el bastidor con los cierres de velcro. Puedes seguir el mismo principio con los otros marcos, pero procura introducir el mayor número posible de pasos para cada tipo de cierre.

1. Sujeta la tela con la mano no dominante y con la «pinza» de la mano dominante, tira despacio del velcro para despegarlo.
2. Separa bien el velcro y sácalo de la hebilla si hay una.
3. Abre bien la tela separando las dos partes y pon la mano en medio del bastidor donde ya no hay tela.
4. Vuelve a colocar los dos lados empezando por el de la izquierda.
5. Pasa de nuevo el velcro por la hebilla y únelo a su tira adhesiva.
6. Aprieta el velcro para asegurarse de que agarre bien.
7. Invita al niño a que haga la actividad.

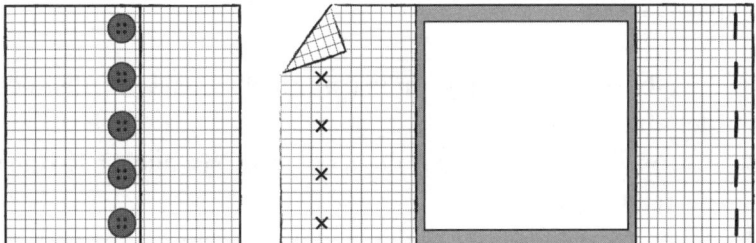

Bastidor para vestirse «botones grandes»

Trasvasar un líquido de un recipiente a otro marcado

Edad: 3 años

Material

- 1 bandeja
- 1 jarra con agua teñida con colorante alimentario
- 1 vaso con una línea marcada con rotulador indeleble
- 1 esponja pequeña

Presentación

1. Ve a buscar la bandeja en la estantería y colócala delante del niño.
2. Enseña con el índice y el dedo corazón, sin hablar, la línea marcada en el vaso.
3. Muestra al niño cómo sujetar la jarra con la «pinza» de la mano dominante, colocando el índice de la otra mano debajo del pico vertedor controlando la velocidad de vertido.
4. Despacio, vierte el agua en el vaso, sin que la jarra toque el vaso.
5. Vierte hasta que llegue a la línea.
6. Mira la tarea llevada a cabo.
7. Usa la esponja para limpiar la gota de agua en la jarra o el agua derramada sobre la bandeja.
8. Vierte de nuevo el agua en la jarra o en un cubo.
9. Invita al niño a que haga la actividad, a que recoja los elementos y que lo coloque todo en la estantería cuando haya terminado.

Abrir y cerrar cajas que se acoplan con objetos por descubrir

Edad: 3 años

Material

- 1 bandeja
- Cajas que se acoplan por tamaño (en la última colocamos una «sorpresa»)
- 1 tapete

Presentación

1. Lleva la bandeja sobre la mesa y colócala en la parte superior izquierda del tapete.
2. Coge las cajas y ponlas en el centro del tapete.
3. Con la mano no dominante sujeta la base de la caja.
4. Con la mano dominante, sírvete de la «pinza» para abrir los cierres de las tapas.
5. Coloca la caja que acabas de abrir en la esquina superior izquierda.
6. Haz lo mismo con la segunda caja más pequeña y colócala a la derecha de la anterior.
7. Invita al niño a que siga con el ejercicio hasta que encuentre la sorpresa.
8. Enséñale cómo devolver las cajas a su estado inicial y ofrécele terminar la actividad.

Manipular pinzas para tender la ropa de diferentes colores

Edad: 3 años

Para el material y la presentación toma como referencia la actividad de las pinzas de la ropa de mismo color (p. 43).

A continuación, unas variantes muy interesantes que puedes proponer al niño con pinzas de diferentes colores:

1. Coloca unas pinzas por pares según su color alrededor de la cesta.
2. Crea series con las pinzas de diferentes colores; por ejemplo: 1 azul, 1 amarilla, 1 rosa, o 2 azules, 2 amarillas, 2 rosas, el niño debe reconstituir la serie. Es una excelente preparación para los ejercicios de matemáticas en los que el niño debe reproducir series.
3. Con el fin de desarrollar su creatividad, prepárale una cesta con pinzas de diferentes colores y déjaselas a su disposición sin ningún tipo de consigna para que haga lo que desee con ellas.

Pinza colador para pasar objetos de un recipiente con agua a otro

Edad: 4 años

Material

- 1 bandeja
- 1 pinza colador (como las que se usan para preparar el té)
- 2 botes de cristal idénticos (el de la izquierda, con agua y pequeños objetos, el otro vacío)
- 1 esponja pequeña

Presentación

1. Lleva la bandeja a la mesa y ponla delante del niño.
2. Con los dedos formando la «pinza» coge la pinza colador con la mano dominante.
3. Aprieta para mostrar el mecanismo al niño.
4. Aprieta, pero esta vez coge un pequeño objeto del bote de cristal de la izquierda.
5. Escúrrelo encima del bote de la izquierda y suelta el objeto «pescado» en el bote vacío de la derecha.
6. Invita al niño a que siga.
7. Cuando todos los objetos se encuentren en el recipiente de la derecha, dile al niño que los vuelva a dejar en el de la izquierda.
8. Si es necesario, limpia el agua derramada en la bandeja con la esponja.

Trasvase de arena, nácar con la ayuda de un colador

Edad: 4 años

Material

- 1 bandeja
- 1 bote con arena y con pequeños trozos de nácar
- 1 bote vacío
- 1 cuchara
- 1 colador
- 1 segundo bote pequeño

Presentación

1. Lleva la bandeja a la mesa y colócala delante del niño.
2. Pon el colador sobre el bote vacío.
3. Con la «pinza» de la mano dominante coge la cuchara.
4. Coge un poco de arena y de nácar y viértelo en el colador.
5. Deja la cuchara encima de la mesa y siempre con la «pinza», levanta y sacude con delicadeza el colador encima del bote sobre el que se encuentra.
6. Una vez que la arena ha pasado a través del colador y solo queda el nácar en su interior, vierte el nácar en el otro bote vacío que habrás colocado en la parte derecha de la bandeja.
7. Invita al niño a que prosiga con la actividad.
8. Cuando el niño haya vaciado toda la arena y trasvasado todo el nácar, enséñale cómo devolver la bandeja a su estado inicial.

Bandeja «trasvasar arena nácar con la ayuda de un colador»

Trasladar garbanzos con una pinza de depilar

Edad: 4 años

Material

- 1 bandeja
- 1 pinza de depilar
- 1 jabonera con ventosas o 1 bandeja pequeña con alveolos
- 1 pequeño bote con el mismo número de garbanzos que de alveolos

Presentación

1. Pon la bandeja encima de la mesa.
2. Enseña tus dedos formando la «pinza».
3. Coge con delicadeza la pinza de depilar cuyo mango estará orientado hacia la derecha.
4. Coge con la pinza de depilar un garbanzo del bote colocado a la izquierda de la bandeja y déjalo en la ventosa de la jabonera que esté situado más arriba y a la izquierda (la jabonera o la bandeja con alveolos estará situada a la derecha de la bandeja).
5. Coge un segundo garbanzo y colócalo en el alveolo justo a la derecha del anterior.
6. Invita al niño a seguir con el ejercicio.
7. Cuando todos los garbanzos estén trasladados, coge con la pinza los dos primeros garbanzos colocados, y, uno por uno, devuélvelos a su bol.
8. Ofrécele al niño terminar.
9. Vuelve a colocar la bandeja en la estantería.

Transferir gotas de agua sobre una jabonera con un cuentagotas

Edad: 4 años

Material

- 1 bandeja
- 1 cuenco con agua coloreada
- 1 cuentagotas
- 1 jabonera con ventosas
- 1 esponja pequeña
- 1 pequeño paño

Presentación

1. Lleva la bandeja a la mesa.
2. Sujeta el cuentagotas con la mano dominante usando la «pinza».
3. Aprieta el cuentagotas para aspirar y coger agua del cuenco.
4. El ejercicio consiste en depositar una gota de agua en cada ventosa.
5. Pon dos gotas e invita al niño a que prosiga.
6. Cuando todos las ventosas estén llenas, coge la esponja y sécalas.
7. Vuelve a colocar la bandeja en su sitio.

Doblar siguiendo una línea

Edad: 4 años

Material

- Una bandeja
- 5 trozos cuadrados de tela blanca en los cuales se habrán cosido líneas rojas al derecho y al revés, siguiendo los patrones dibujados más abajo

Presentación

1. Lleva la bandeja a la mesa y colócala delante del niño.
2. Coge el primer trozo de tela.
3. Con los dedos índice y corazón de la mano dominante, subraya la línea de izquierda a derecha.
4. Con las «pinzas» de las dos manos, coge los bordes de los cuadrados de tela y dóblalos por la línea roja (el trozo de tela no se mueve de la mesa, solo tienes que doblar el lado necesario hacer el pliegue).
5. Retoca igualando la línea recta al otro lado de la tela.
6. Invita al niño a que haga lo mismo.
7. Si ha dominado el primer plegado y el niño muestra ganas de seguir, le puedes enseñar el segundo trozo de tela y continuar del mismo modo con el resto de patrones.

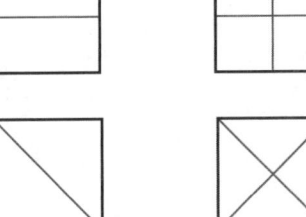

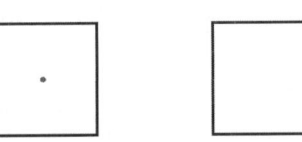

Trozos de tela cosidos con diferentes líneas rojas

Doblar la ropa

Material

- 1 bandeja o una cesta
- Diferentes prendas para doblar
- 1 cesta vacía

Presentación

1. Coloca la bandeja o la cesta cerca del niño.
2. Muéstrale despacio al niño cómo se dobla de forma correcta la ropa.
3. Deja la prenda doblada en la cesta vacía.
4. Invita al niño a que haga lo mismo con una prenda del mismo tipo.
5. Si quiere seguir, enséñale cómo doblar otro tipo de prenda.

Usar una maja

Edad: 4 años

Material

- 1 bandeja
- 1 mortero
- 1 maja
- 1 pequeño recipiente con una cáscara de huevo
- 1 recipiente para guardar los pequeños trozos triturados de la cáscara de huevo

Presentación

1. Pon un pequeño trozo de cáscara de huevo en el mortero.
2. Coloca la maja en el mortero.
3. Pon la palma de la mano dominante sobre la parte superior del mango de la maja.
4. Sujeta el mortero con la otra mano.
5. Tritura rotando con la mano.
6. Ofrece al niño continuar.
7. Una vez machacado el trozo de cáscara, vacía el mortero, pasando su contenido al recipiente vacío.
8. Cuando el niño haya terminado de triturar toda la cáscara, pídele que tire los restos del recipiente a la basura y enséñale dónde podrá encontrar otra cáscara; luego devuelve la bandeja a su estado inicial.

Usar un martillo

Material

- 1 bandeja
- 1 pequeña tabla de madera sobre la cual habremos clavado antes entre 3 y 5 clavos de cabeza ancha
- 1 pequeño martillo

Presentación

1. Lleva la bandeja a la mesa y colócala delante del niño.
2. Coge el martillo con la mano dominante.
3. Sujeta el clavo con la «pinza» de la otra mano y empieza con suavidad a darle con el martillo.
4. Invita al niño a continuar.

Ten mucho cuidado con la seguridad del niño durante esta actividad. Los gestos tienen que ser muy lentos y suaves.

Hacer un ramo para colocarlo en un jarrón

Edad: 4 años

Material

- 1 bandeja
- 1 pequeño jarrón
- 1 jarra de agua fría (o bien vacía, si el niño puede acceder sin ayuda a un lavabo)
- Unas flores con tallos (lo ideal sería que el niño las haya cogido él mismo)
- Unas tijeras
- 1 pequeño recipiente (para recoger los trozos de tallos cortados)
- 1 pequeña esponja

Presentación

1. Lleva la bandeja sobre la mesa y déjala delante del niño.
2. Saca los elementos respetando el orden de utilización y colócalos en de izquierda a derecha en la parte superior de la mesa.
3. Coge el pequeño jarrón.
4. Llénalo con un poco de agua con la ayuda de la jarra.
5. Coge una flor con su tallo.
6. Con las tijeras, corta el tallo encima del pequeño recipiente para conseguir la longitud adecuada al jarrón utilizado.
7. Coloca la flor en el jarrón.
8. Invita al niño a que siga.
9. Tira los trozos cortados a la basura y limpia la mesa con la esponja.
10. Recoge la bandeja una vez terminada la actividad.

Deja que el niño escoja donde va su ramo. Los niños necesitan apoderarse de su entorno y embellecerlo.

Limpiar unas conchas

Edad: 4 años

Material

- 1 bandeja
- Unas bonitas conchas de tamaños y formas diferentes en un bol
- 1 bol vacío
- 1 cepillo pequeño
- 1 spray pequeño con una mezcla limpiadora (por ejemplo: agua y vinagre)
- 1 toalla pequeña
- 1 hule

Presentación

1. Lleva la bandeja a la mesa y ponla delante del niño.
2. Extiende el hule.
3. Saca los objetos en su orden de uso.
4. Escoge una concha.
5. Vaporiza un poco de producto.
6. Cepíllala con delicadeza.
7. Sécala con la toalla.
8. Déjala en el bol vacío.
9. Invita el niño a hacer lo mismo con otra concha.

Pelar una fruta o una verdura

Edad: 4 años

Material

- 1 bandeja
- 1 fruta, 1 verdura o 1 hortaliza
- 1 pelador adaptado para niños
- 1 recipiente para recoger las mondas

Presentación

1. Lleva la bandeja sobre la mesa y colócala delante del niño.
2. Coge el pelador en la mano dominante y la fruta o la verdura con la otra.
3. Empieza a pelar encima del recipiente desde la parte superior de la fruta o de la hortaliza y hacia abajo; realiza los gestos siempre hacia al exterior (y no hacia ti).
4. Invita al niño a que siga.

Cortar una fruta o una verdura

Edad: 4 años

Material

- 1 bandeja
- 1 fruta, 1 verdura o 1 hortaliza
- 1 tabla para cortar
- 1 cortador de verduras
- 1 recipiente pequeño

Presentación

1. Lleva la bandeja a la mesa y colócala delante del niño.
2. Coge la fruta o la verdura con la mano no dominante, ponla encima de la tabla y coge el cortador de verduras con las dos manos en la vertical.
3. Colócalo sobre la pieza de fruta o la verdura y apoya con el cortador.
4. Empieza a cortar.
5. Pon los cachitos cortados en el pequeño recipiente.
6. Invita al niño a continuar.

Untar

Edad: 4 años

Material

- 1 bandeja
- varios trozos de pan ya cortados o unos crackers
- 1 tabla para cortar
- 1 producto que se pueda untar (queso, crema de chocolate)
- 1 pequeño cuchillo
- 1 pequeño plato

Presentación

1. Lleva la bandeja a la mesa y ponla delante del niño.
2. Abre el bote con el producto que vamos a untar.
3. Coge el cuchillo en la mano dominante y ten el trozo de pan en la otra
4. Con el cuchillo coge el producto y extiéndelo sobre el pan.
5. Deja con delicadeza el trozo untado sobre la bandeja.
6. Invita al niño a que prosiga.

Exprimir una naranja

Edad: 4 años

Material

- 1 bandeja
- 1 naranja cortada por la mitad en un recipiente
- 1 exprimidor
- 1 vaso
- 1 pequeña esponja
- 1 bol

Presentación

1. Lleva la bandeja a la mesa y déjala delante del niño.
2. Coge media naranja.
3. Con la «pinza» de la mano no dominante coge el exprimidor.
4. Exprime la media naranja con el exprimidor sujetándola con la mano dominante.
5. Vierte el zumo en el vaso.
6. Limpia las pequeñas gotas que se hayan derramado con la esponja.
7. Deja la media naranja exprimida en el bol.
8. Invita al niño a que haga lo mismo con la segunda mitad de la naranja.
9. Limpia con la esponja el zumo que haya podido derramarse.

Limpiar la silla o la mesa

Edad: 4 años

Material

- 1 bandeja
- 1 hule
- 1 jarra con agua fría (o vacía si el niño puede acceder solo a un lavabo)
- 1 pequeña esponja en un bol
- 1 cepillo
- jabón en un pequeño recipiente
- 1 paño

Presentación

1. Lleva la bandeja al lado de la mesa o de la silla que quieras limpiar.
2. Extiende el hule y pon la silla encima si has escogido limpiarla.
3. Saca los elementos de la bandeja según su orden de uso.
4. Vierte un poco de agua de la jarra en el bol que contiene la esponja.
5. Coge la esponja y escúrrela.
6. Con la esponja traza unas líneas de izquierda a derecha y de arriba hacia abajo sobre la superficie a limpiar.
7. Devuelve la esponja al bol.
8. Coge el cepillo y ponle jabón.
9. Con el cepillo haz unos grandes círculos en el sentido contrario de las agujas del reloj y procura que haya espuma.
10. Retoma la esponja y con gestos horizontales como los del paso 6 quita el jabón.
11. Recoge la esponja.
12. Coge el paño y seca la superficie.
13. Invita al niño a hacer lo mismo.

Como la actividad necesita numerosos pasos, solo se podrá presentar al niño una vez que su capacidad de concentración sea lo bastante alta como para realizarlos todos en el orden indicado.

Lavar la ropa

Edad: 4 años

Material

- 2 barreños, uno de ellos con 1 tabla de lavar, 1 cubo y 1 bata (todo colocado en una área prevista para ello)
- 1 bandeja
- 1 jarra de agua tibia (o vacía si el niño puede acceder solo a un lavabo)
- 1 pequeña esponja
- jabón para lavar la ropa en un recipiente
- 1 cepillo
- 1 tendedero y unas pinzas para tender la ropa en una pequeña cesta
- 1 cubo
- 1 cesta con ropa para lavar (que sea verdadera ropa y no ropa de muñecas)

Presentación

1. Ayuda al niño a ponerse la bata.
2. Vacía el agua de la jarra en el barreño, limpia las gotas derramadas con la esponja.
3. Añade el jabón.
4. Coloca una prenda en el barreño.
5. Restriega la prenda sobre la tabla de lavar.
6. Vuelve a poner agua limpia en la jarra.
7. Viértela en el segundo barreño, limpia las gotas en el pico vertedor de la jarra con la esponja.
8. En este último barreño aclara la prenda.

9. Escúrrela.
10. Cuélgala en el tendedero.
11. Sujeta la prenda con las pinzas.
12. Vacía el barreño de agua sucia en el cubo.
13. Invita al niño a rehacer la actividad.

Al ser una actividad larga, el niño deberá dar muestras de una buena capacidad de concentración. Tendrá que saber también usar las pinzas para poder tender solo la ropa.

Limpiar un espejo + pulir un objeto

Edad: 4 años

Material (para limpiar un espejo; para pulir un objeto se necesitará lo mismo)

- 1 bandeja
- 1 hule
- Arcilla blanca en un pequeño bote con rosca
- Algodón en un recipiente
- Bastoncillos para los oídos en un recipiente
- 1 pequeño paño
- 1 bol vacío
- 1 espejo

Presentación

1. Lleva la bandeja a la mesa y ponla delante del niño.
2. Extiende el hule y coloca la bandeja en la parte superior izquierda.
3. Saca los elementos de la actividad respetando el orden en el cual se van a usar, y colócalos de izquierda a derecha en la parte superior del hule.
4. Pon el espejo en el centro del hule.
5. Abre el bote de arcilla blanca.
6. Coge un trozo de algodón con la «pinza» de la mano dominante.
7. Pon un poco de arcilla blanca encima y aplícala sobre el espejo, trazando unas líneas horizontales de izquierda a derecha empezando por la parte superior del espejo.
8. Deja el algodón usado en el bol vacío.
9. Coge otro trozo de algodón y, empezando como en el anterior paso, en la parte superior dibuja unos círculos en sentido inverso de las agujas del reloj (esto sirve también como preparación para los trabajos de caligrafía).

10. Deja el algodón usado en el bol.
11. Sigue hasta que no quede arcilla sobre el espejo.
12. Siempre con la «pinza», coge un bastoncillo y, empezando una vez más por la parte superior, pásalo por los bordes del espejo siguiendo el sentido inverso de las agujas del reloj.
13. Déjalo en el bol con los algodones usados.
14. Pasa el paño.
15. Ve a tirar los algodones usados.
16. Invita al niño a que haga lo mismo.
17. Una vez terminada la actividad, devuelve todo a su estado inicial.

Coser un botón

Material

- 1 bandeja
- 1 recipiente con pequeños trozos de tela
- 1 recipiente con 1 aguja
- tijeras de costura
- 1 carrete de hilo
- 1 recipiente con botones bonitos

Presentación

1. Lleva la bandeja a la mesa y colócala delante del niño.
2. Coge un trozo de tela.
3. Coge el carrete y corta un trozo de hilo.
4. Haz un nudo en la extremidad del hilo.
5. Enhebra la aguja.
6. Escoge un botón.
7. Colócalo en el centro de la tela y pincha con la aguja por debajo de la tela a través del agujero del botón y luego por encima.
8. Quita la aguja y hazle un nudo al hilo.
9. Propón la actividad al niño.

Ten mucho cuidado con la seguridad del niño. Esta es una actividad compleja, no se la propongas de forma prematura al niño.

Limpiar cristales

Edad: 4 años

Material

- 1 bandeja
- 1 spray con una mezcla a base de vinagre y agua
- 1 rasqueta limpiacristales
- 1 paño
- 1 bata (opcional)

Presentación

1. Ponte la bata (opcional).
2. Pulveriza la mezcla sobre el cristal, empezando por la parte superior y yendo de izquierda a derecha.
3. Pasa el limpiacristales de arriba hacia abajo.
4. Limpia la rasqueta con el paño después de cada pasada.
5. Invita al niño a que haga lo mismo.

Recuérdale al niño con insistencia que no eche demasiado líquido en el cristal.

Sembrar semillas

Edad: 4 años

Material

- 1 bandeja
- 1 bata
- 1 hule
- 1 regadera adecuada para el niño
- 1 jarra pequeña con agua fría (o vacía si el niño puede acceder a un lavabo solo)
- 1 pequeña esponja
- Pequeños tiestos para plantar las semillas
- mantillo en botes pequeños
- 1 cuchara
- 1 paño
- Semillas en un recipiente

Presentación

1. Ayuda al niño a ponerse la bata.
2. Extiende el hule.
3. Coloca los elementos de izquierda a derecha sobre el hule respetando su orden de uso.
4. Escoge un tiesto.
5. Sirviéndote de la cuchara, rellena el tiesto con mantillo.
6. Haz un agujero en el mantillo hundiendo el índice.
7. Con la «pinza» coge una semilla y métela en el agujero.
8. Usa la cuchara para tapar con mantillo el agujero.
9. Llena la jarra con agua o si ya está llena vacíala en la regadera.
10. Riega y limpia con la esponja.
11. Limpia la cuchara con el paño.
12. Recoge los elementos en la bandeja y limpia el hule si es necesario.
13. Invita al niño a que haga la actividad.

Ocuparse de las plantas

Edad: 4 años

Material

- 1 bandeja
- 1 pequeña regadera
- 1 pequeña esponja un poco humedecida

Presentación

1. Lleva la bandeja al lado de la planta.
2. Quita las hojas secas y tíralas a la basura.
3. Riega la planta
4. Coge la pequeña esponja humedecida y con mucha suavidad pásala sobre la hoja. Puedes poner tu mano no dominante debajo de la hoja para sostenerla.
5. Invita al niño a que repita la actividad.

Ocuparse de un animal

Material

- 1 bandeja con todo el material indispensable para el cuidado del animal

La bandeja tendrá todo el material necesario y adecuado en función del tipo de mascota cuidada por el niño.

VIDA SENSORIAL

Capítulo 3
Preparación y presentación

La pedagogía Montessori enfatiza la educación de los cinco sentidos del niño; a través de la manipulación de un material pedagógico adaptado, el niño va a aprender de manera progresiva a reconocer los colores, los volúmenes, las formas, los pesos, los olores, los ruidos, etc.

El niño descubre el mundo que le rodea gracias a sus sentidos: cuanto más afinados se encuentren estos, mayor será su percepción del mundo en el que vive. La educación sensorial es una tarea difícil en la edad adulta, por ello, es esencial empezar durante el periodo de formación, sobre todo, si más adelante, deseamos seguir perfeccionando los sentidos.

> *El niño descubre el mundo que le rodea gracias a sus sentidos.*

Maria Montessori elaboró un material sensorial que permite al niño afinar sus sentidos:
- distinguiendo las percepciones (comparando);
- precisando las clasificaciones, ordenando;
- generalizando, conceptualizando.

Mediante la manipulación, la visión de la realidad se hace más exacta. El niño se ubica de manera más precisa, percibe mejor los detalles; Maria Montessori afirmaba que se transformaba en un observador más consciente.

Podemos graduar y adaptar los estimulantes con la instalación de todo un conjunto de materiales en el entorno del niño, ayudando así al desarrollo de los sentidos.

Además, el desarrollo de los sentidos permite detectar posibles problemas de tipo auditivos, oculares, etc., muy a menudo descubiertos tarde cuando su corrección ya es difícil.

Maria Montessori dijo lo siguiente: «*Al multiplicar las sensaciones y desarrollando la capacidad de apreciar las más ínfimas diferencias, afinamos la sensibilidad; al residir la belleza en la armonía, necesitamos la agudeza sensorial para percibirla. Las armonías estéticas de la naturaleza y del arte escapan a aquellos cuyos sentidos son bastos. Por culpa de ello el mundo se encoge y se vuelve un medio más duro y penoso. Existen en nuestro entorno numerosas fuentes de regocijo estético, delante de las cuales los hombres pasan como bestias o seres sin sentido, buscando el gozo en sensaciones fuertes, las únicas a las que tienen acceso. El hábito del vicio nace a menudo con goces groseros: en efecto, los fuertes estimulantes no agudizan la sensibilidad, al contrario, debilitan los sentidos, abocándolos a una búsqueda constante en pos de estímulos y de sensaciones cada vez más violentas*».

El material sensorial permite responder al periodo sensible del orden, puesto que el niño organizará sus cosas y desarrollará su concentración.

Además, este material permite el desarrollo del vocabulario, en particular de los comparativos y superlativos. Por ejemplo: más liso, más rugoso, más claro, más oscuro.

En última instancia, el desarrollo de los sentidos es una ayuda considerable para el niño en el aprendizaje de la lectura: para leer, debe poder escuchar con nitidez los sonidos. Un niño con un oído afinado y preparado percibirá y distinguirá con gran facilidad, entre sonidos similares, como la «m» y la «n». Al haber desarrollado su memoria auditiva, se acordará con mayor facilidad del conjunto de sonidos de un idioma.

> *El desarrollo de los sentidos es una ayuda considerable en el aprendizaje de la lectura.*

De idéntico modo, si agudiza la vista, podrá discernir y diferenciar letras que podrían ser similares, reteniéndolas con mucha más facilidad.

LA PREPARACIÓN DEL MATERIAL

El material sensorial tiene que ser preparado para conseguir aislar una única cualidad y ejercitar un solo sentido. Cuanto más aislemos un sentido más lo perfeccionaremos.

Esta es la razón por la cual, es muy importante si por ejemplo, presentamos al niño un material para el desarrollo del oído, que todos los elementos sean idénticos para que el niño no asocie la diferencia entre los sonidos al color o a la forma.

Del mismo modo, si trabajamos con el tacto, es preferible proponer al niño que se ponga una venda sobre los ojos para que la vista no influya en el tacto. En el marco, por ejemplo, de un ejercicio de emparejamiento de telas, si el niño las ve, formará las parejas con la vista en vez de ayudarse con tacto.

Si el niño no quiere vendarse los ojos, podemos decirle que manipule debajo de un pañuelo o de una servilleta los elementos del ejercicio.

A menudo, se trata de ejercicios de emparejamiento, y luego de distinguir una cualidad o rasgo idéntico; después aislamos un elemento de cada par y pedimos al niño que los evalúe realizando una graduación. De este modo, percibirá las similitudes y las diferencias.

Es preciso preparar varias bandejas que permitan al niño hacer clasificaciones, a menudo, de tipo visual, siendo muy importante a su vez, ofrecer una variedad de elementos regidos por un único criterio. Por ejemplo, si escogemos una clasificación por colores, las formas deben ser idénticas. Sin embargo, si escogemos una clasificación por formas, los elementos deberán tener todos el mismo color.

Limitaremos también el número de elementos en las clasificaciones para que el niño pueda completar la actividad; añadiremos de manera progresiva elementos suplementarios.

El material ha de ser bonito para que el niño desarrolle cierto sentido de la estética y le apetezca hacer la actividad y los ejercicios deben incluir el control de error para que el niño pueda corregirse solo.

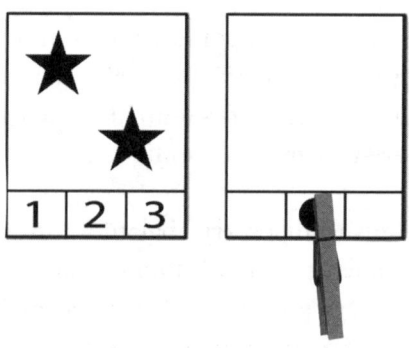

Control de error con una pinza para tender la ropa

Es importante agrupar todos los ejercicios de vida sensorial sobre el mismo estante, organizados por sentidos y siempre ordenados del más fácil al más complejo, de izquierda a derecha y de arriba hacia abajo. El material, por regla general, se presentará siempre sobre unas bandejas o en cestas.

Es tarea del adulto cambiar con regularidad las bandejas o las cestas siguiendo las estaciones, las fiestas, y todos los acontecimientos que marcan la vida del niño. Por ejemplo, en otoño, podemos prepararle una bandeja cuyos elementos le permitan clasificar nueces, bellotas, avellanas. En Navidad, puede ordenar tarjetas sobre las que figuren cristales de nieve de diferentes tamaños, del más pequeño al más grande.

Es fundamental pensar en el desarrollo de los sentidos del niño de un modo global que los incluya a todos: no hay que dejar de lado el olfato y el gusto. Tenemos cierta tendencia a privilegiar la vista, el tacto y el oído, sobre todo con la música.

El material de desarrollo sensorial puede fabricarse en casa, con un coste muy reducido.

LA PRESENTACIÓN DE LOS EJERCICIOS

Presentamos el material del mismo modo que para la vida práctica. Preguntaremos siempre al niño si está de acuerdo en que le presentemos un ejercicio nuevo. Si acepta, le acompañamos hasta la estantería a buscar el material, y procedemos a hacer la presentación de la actividad hablando lo menos posible, haciendo unos gestos muy lentos. Después proponemos al niño seguir y/o rehacer el ejercicio tantas veces como lo desee.

Una vez que la actividad ha terminado, pedimos al niño que vaya a devolverla a su sitio.

Una vez efectuada la presentación, y el niño esté realizando la actividad sin ayuda; ya no hay motivos para que el adulto se quede con él. Es esencial que se desarrolle la autonomía del niño y sea capaz de trabajar solo.

En la misma línea, hay que otorgar al niño la libertad de poder escoger entre las distintas bandejas colocadas en el estante y sobre todo no imponerle una u otra actividad de manera autoritaria.

Capítulo 4
Las actividades

Imágenes en blanco y negro

Edad: Recién nacido

Desde los primeros días de su vida, el bebé manifiesta una verdadera capacidad de concentración sobre los objetos cercanos, a condición de que el objeto se encuentre cerca de su cara y sea muy contrastado.

Crea o recorta imágenes en blanco y negro (animales, imágenes abstractas) y plastifícalas. Colócalas cerca del niño en su cuna, en la pared o apoyadas sobre su cambiador.

Los móviles

Edad: Recién nacido

Las primeras semanas, el móvil ayuda al bebé a desarrollar su capacidad a explorar con la vista el mundo. Desarrolla de forma gradual su capacidad a fijarse en un objeto en movimiento, a observar el color, la profundidad... Hay que cambiar con regularidad el móvil, pero podemos dejarlo colocado en ciertos puntos de la casa.

Se trata de actividades visuales puras: no tienen que emitir ningún sonido. El móvil solo se mueve gracias a las ligeras corrientes de aire y es fabricado con materiales naturales y se lo presentamos al niño nada más nacer.

Los móviles se presentarán al bebé con este orden:
- **El móvil de Munari:** compuesto de formas geométricas planas, coloreadas en blanco y negro y de una esfera transparente que refleja la luz;
- **El móvil de Gobbi:** compuesto de 5 bolas tejidas de un mismo color pero en degradado, colgadas por orden ascendente, del matiz más oscuro al más claro;
- **El móvil de los octaedros:** compuesto de 3 octaedros de papel de colores y luciendo los 3 colores primarios;
- **El móvil de los bailarines:** compuesto de figuras estilizadas de papel metálico coloreado, que mueven con la menor corriente.

También puedes presentarle móviles compuestos de figuras de madera estilizadas, pintadas de colores claros. Estas figuras tienen que ser realistas: aviones, pájaros, mariposas, etc., evita colgar elefantes o camiones (¡no vuelan!).

Cuelga el móvil a poca altura para que el niño pueda tocarlo con las manos. Al principio, golpeará de manera torpe el móvil, para después intentar poco a poco y por su propia voluntad, crear un contacto. Para ello necesitará una gran concentración y un control cada vez mayor de su brazo.

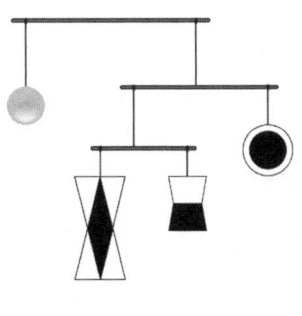

Móvil de Munari

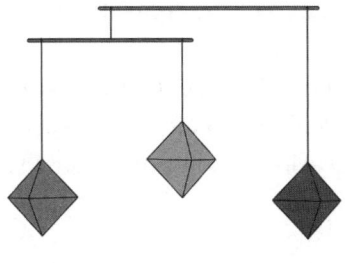

Móvil de los octaedros

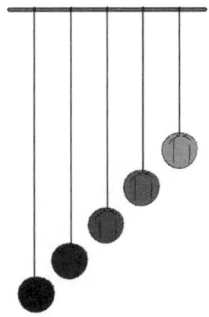

Móvil de Gobbi

Móvil de los bailarines

Pelotas con diferentes texturas

Edad: 2 meses

El niño que descubre el mundo a través con sentidos necesita experimentar diferentes texturas. Compra unas pelotas con revestimientos variados: plástico, tela, madera, caucho, etc., dos ejemplares de cada. Al principio el niño realiza solo una experiencia sensorial: tocará, intentará meterla en su boca, hará rodar las diferentes pelotas.

Más adelante, consulta las actividades de emparejamiento para descubrir un ejercicio realizado con pelotas. Puedes también hacerlo usando una bolsa de los misterios.

Sonajeros colgantes

Edad: 3 meses

Cuando el niño entra en la fase del movimiento involuntario, hay que pasar a los sonajeros colgados.
Uno, compuesto por un cascabel con una cinta y el otro por un anillo y otra cinta.

Cuelga estos dos objetos a un soporte sólido y diferentes lugares, ponlos encima del torso del bebé para que pueda tocarlos y agarrarlos.

Se cuelgan a menudo de una goma.

Con sus movimientos involuntarios, el pequeño golpeará el sonajero que volverá a su posición inicial. El bebé se dará cuenta muy rápido de que sus gestos tienen un impacto sobre su entorno.

Tubos o botellas sensoriales para los pequeños

Edad: 6 meses

Material

- 1 pequeña botella de plástico o un tubo de plástico vacío, limpio, rígido y liso
- 1 pizca de lentejuelas de colores y de cequís
- Aceite de parafina
- Granos de arroz, lentejas...
- 1 pistola de pegamento

Preparación

1. Enjuaga y seca el recipiente.
2. Añade, el arroz, o las lentejas; si escoges la otra opción, el aceite de parafina, procura dejar un centímetro de margen en la parte superior y añádele las lentejuelas y los cequís.
3. Pega el tapón con la pistola de pegamento.

Presentación

Deja que el niño descubra el objeto con los sentidos. Cuando tenga alrededor de doce meses, consulta las actividades de «emparejamiento», para poder invitarle a clasificar por parejas estos tubos o botellas sensoriales.

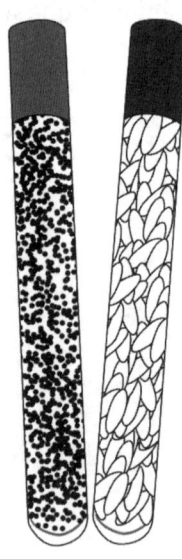

Tubos sensoriales

Libros sonoros

Edad: 8 meses

Es primordial desarrollar el oído del niño. Esto le ayudará mucho a aumentar su capacidad de concentración, de memorización, de comprensión del mundo y le preparará a la lectura.

Encontrarás en tiendas, libros sonoros muy bien hechos con diferentes temáticas (los animales de la granja, con temas de Mozart, etc.). El niño presiona un pequeño chip y el libro emite un sonido.

Emparejar

Edad: 18 meses

El proceso mental y físico que permite identificar objetos para emparejarlos, es una facultad de desarrollo muy importante para la creación y asentamiento de una sólida base para las matemáticas.

Material

- 1 conjunto de 10 pares de tarjetas (tarjetas con formas y colores diferentes. Por ejemplo, una pareja tendrá un gran triángulo equilátero rojo y otra un gran cuadrado azul. Si se dispone de plantillas para dibujar, usarlas para crear estas tarjetas.)
- 1 caja
- 1 alfombra

Presentación

4. Invita al niño a que venga hacer el ejercicio.
5. El niño puede desenrollar la alfombra.
6. Deja la caja sobre el tapete y alinea las tarjetas de izquierda a derecha.
7. Nombra la primera tarjeta. Por ejemplo: «Es un gran triángulo rojo» y coloca la tarjeta idéntica al lado.
8. Después de haber formado todas las parejas, mezcla las tarjetas para que el niño pueda probar.
9. Cuando todas las tarjetas estén ordenadas por pares, el niño puede recogerlas en la caja.
10. Recoged todo en la estantería.

Si trabajas con un niño más pequeño, coge solo dos pares de cartas muy diferentes, como un gran triángulo rojo y un gran cuadrado azul, poniendo el resto de lado para más tarde.

Diferentes cantos de pájaros 1

Edad: 18 meses

Material

- 3 pares de reclamos*
- 1 tapete

Presentación

1. Coloca los reclamos sobre el tapete formando una línea horizontal de izquierda a derecha.
2. Coge un reclamo y sopla.
3. Coge el segundo, haz lo mismo y así con los seis.
4. Sopla en un reclamo, déjalo en la parta superior del tapete y di: «Vamos a buscar el mismo sonido».
5. Vete probando los reclamos hasta encontrar el mismo sonido.
6. Una vez encontrado, pon el reclamo a la derecha del que emite el mismo sonido.
7. Sigue colocando del mismo modo los reclamos, una pareja debajo de otra.
8. Propón al niño que continúe con la actividad.

---

*Silbatos diseñados para imitar el canto de los pájaros, usados por ornitólogos y cazadores.

Diferentes cantos de pájaros 2

Edad: 18 meses

Material

- 3 reclamos
- 3 imágenes de pájaros que correspondan al sonido de cada reclamo.

Presentación

1. Coge las imágenes y di el nombre del pájaro representado.
2. Alinéalas, una al lado de la otra, de izquierda a derecha.
3. Coge un reclamo, sopla y di el nombre del pájaro a quien pertenece el canto.
4. Pon el reclamo sobre la imagen correspondiente.
5. Haz lo mismo con el resto.
6. Propón al niño que haga a su vez la actividad.

El memory

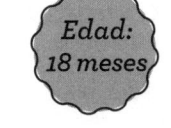
Edad: 18 meses

Material

- 3 pares de tarjetas con un tema concreto cada uno y muy distintos entre sí.

Presentación 1

Deja las tarjetas boca arriba y explica al niño el principio del memory: coge una imagen y pídele que ponga al lado la otra imagen idéntica; haz lo mismo con la segunda y con la tercera.

Presentación 2

Jugad al memory, pero con las tarjetas bocabajo.

Clasificación por colores

Edad: 18 meses

Material

- 6 tablillas rojas, 6 tablillas azules y 6 tablillas amarillas
- 1 caja con un espacio para guardar las tablillas separadas por colores
- 1 alfombra

Presentación

1. Invita al niño a reunirse contigo para hacer el ejercicio.
2. El niño extiende la alfombra y coloca el material encima.
3. Saca el primer conjunto de tablillas. Pon una tablilla roja en la esquina derecha de la alfombra, y deja espacio entre la tablilla y el borde de la alfombra.
4. Repite con una tablilla azul y una tablilla amarilla. Colócalas a la derecha de la tablilla roja y forma una línea de izquierda a derecha.
5. Reparte de manera aleatoria la tablillas sobrantes por la parte inferior de la alfombra.
6. Coge una tablilla roja. Colócala debajo de la primera.
7. Vuelve ha hacer lo mismo con una tablilla azul y una amarilla.
8. Mezcla las tablillas.
9. Invita al niño a que pruebe. Si el niño parece dudar, vuelve a emparejarlas y esta vez di el color de tablilla a la vez que la pones debajo de la otra.
10. Recoged las tablillas.

Las clasificaciones pueden tomar varias formas; puedes, por ejemplo, incluir al niño en las tareas como clasificar la ropa y otras actividades cotidianas, permitiéndole trabajar a tu lado. Si no puede realizar una tarea concreta, usa el concepto «ahora me toca a mí, ahora te toca a ti», y acuérdate de modificar la tarea la próxima vez, para que el niño pueda hacerla.

Clasificación por formas

Edad: 18 meses

Clasificar es una actividad que mezcla las áreas sensoriales y matemáticas, procurando un ejercicio de desarrollo para el cerebro del niño.

Material

- 1 bandeja
- 1 recipiente grande
- 5 elementos de 2 tipos diferentes (bloques o pelotas) colocados en el recipiente grande
- 2 boles
- 1 alfombra

Podemos usar cualquier tipo de objeto para clasificar. Los objetos dentro de un mismo conjunto deben ser idénticos.

Presentación

1. Invita al niño a reunirse contigo para el ejercicio.
2. El niño puede extender la alfombra.
3. Lleva la bandeja sobre la alfombra y siéntate con el niño sobre ella.
4. Quita la tapa del recipiente y déjala al lado.
5. Pon los dos boles sobre la alfombra.
6. Saca un bloque del recipiente y di: «Es un bloque». Colócalo en el bol de la izquierda.

7. Coge una pelota del recipiente y di: «Es una pelota». Colócala en el bol de la derecha.
8. Ten en cuenta que los movimientos se hacen siempre de izquierda a derecha, pero si el niño trabaja de manera diferente considéralo como válido.
9. Clasifica de esta manera todos los objetos.
10. Mézclalos de nuevo, devolviéndolos al recipiente.
11. Deja que el niño los clasifique.
12. Recoger la actividad o deja que el niño siga si lo desea.

Clasificación por tamaño

Edad: 18 meses

De la misma manera que para las clasificaciones en función de las formas o los colores, propón clasificaciones con objetos idénticos cuyo tamaño sea lo único que varíe.

Podremos proponer al niño clasificar en 3 cuencos 9 botones idénticos diferentes solo por el tamaño (3 pequeños, 3 medianos y 3 grandes) o pajitas del mismo color pero de tres tamaños diferentes: 3 pequeñas, 3 medianas, 3 grandes.

Todas las clasificaciones serán aceptadas mientras los objetos tengan la misma forma, el mismo color y solo varíen por su tamaño.

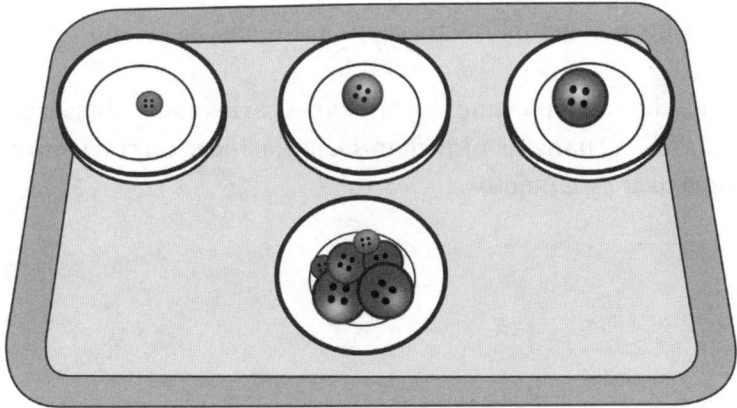

Bandeja «Clasificación por tamaño»

Clasificación por estaciones

Edad: 18 meses

Recuerda: ¡Cada vez solo una dificultad! Si has escogido una clasificación por colores, todos los objetos deben tener la misma forma y el mismo tamaño. Si has escogido clasificar por formas, tendrán todos el mismo color y tamaño, etc.

En invierno, propón, por ejemplo, clasificar repartiendo en 3 cuencos: 3 abetos rojos, 3 abetos verdes y 3 abetos dorados.

En primavera, por ejemplo, usa botones con idéntica forma de flor: 3 pequeños, 3 medianos, 3 grandes.

En verano, pequeños objetos de madera; por ejemplo, 3 sombreros de paja, 3 pares de gafas sol, 3 helados con cucurucho.

En otoño, por ejemplo, 3 nueces, 3 avellanas, 3 castañas.

Puedes introducir elementos suplementarios como pinzas, una cuchara, en cuanto el niño domine la clasificación con la mano y sepa usar esos objetos.

Bolsa misteriosa y emparejar objetos*

Edad: 18 meses

Material

- 2 pequeñas bolsas de tela de 20x30 cm, cada una con cordones de colores diferentes (uno rojo y otro azul)
- Entre 3 o 4 pares de objetos
- 1 alfombra

Presentación

1. Lleva las bolsas sobre la mesa o la alfombra.
2. Dale una bolsa al niño y guarda la otra delante ti.
3. Despacio, sin mirar el contenido de la bolsa, coge un objeto sin sacarlo.
4. Dile al niño: «Toco...» y extrae el objeto de la bolsa y di su nombre.
5. Coloca el objeto en la mesa o sobre la alfombra en la parte superior izquierda.
6. Pide al niño si puede buscar de la misma manera en su bolsa el mismo objeto.
7. Pon los dos objetos emparejados sobre la mesa o la alfombra.
8. Sigue del mismo modo con las 2 o 3 parejas de objetos restantes.
9. Puedes dejar jugar al niño con el objeto en cuanto sepa usarlo bien.

---

*A lo largo del libro aparecen cinco actividades que el lector podrá visualizar en forma de vídeo o con la descarga de una aplicación. Las actividades corresponden a las páginas 119, 143, 144, 163, 195. (N. del E.)

La primera caja de los colores

Material

- 1 pequeña caja con 6 tablillas con los colores primarios: 2 rojas, 2 azules y 2 amarillas

Presentación 1

1. Haz el ejercicio sobre una mesa o una alfombra.
2. Saca las tablillas una tras otra cogiéndolas por el canto.
3. Dispérsalas sobre la mesa o la alfombra.
4. Coge una de las tablillas con la «pinza» y colócala separada del resto encima de la mesa.
5. Coge la segunda tablilla del misma color y ponla al lado.
6. Escoge otro color y pregunta al niño: «¿Puedes encontrarme la tablilla del mismo color?»
7. Sigue de la misma manera con el resto de tablillas.

Presentación 2

1. Guarda una tablilla de cada par.
2. Haz una lección en tres pasos o tiempos* para enseñar el nombre de los colores:

   - 1er paso: «Hoy voy a enseñarte el nombre de tres colores: rojo (enseña una tablilla roja), azul (enseña una tablilla azul), amarillo (enseña una tablilla amarilla)».
   - 2° paso: «Enséñame el rojo, enséñame el azul, enséñame el amarillo». Mezcla. «Dame el rojo, dame el azul, dame el amarillo». Mezcla. Vuelve a empezar hasta que el niño identifique bien todos los colores. Si se confunde, no le digas «Está mal» o «no» o «te has confundido» vuelve al 1er paso.
   - 3er paso: Coge una sola tablilla, colócala delante del niño y pregúntale: «¿Qué es?», luego haz lo mismo con las otras dos.

---

*En el léxico o vocabulario Montessori, podemos encontrar denominada a esta lección «en tres pasos» o «en tres tiempos», en función del centro o la comodidad para el enseñante. *(N. del E.)*

Algoritmos

Edad: 2 años

Reconocer y construir algoritmos es un elemento clave de las matemáticas. Este ejercicio ayudará a tu niño a empezar a fomentar esta habilidad.

Material

- 10 grandes triángulos rojos, 10 pequeños discos amarillos y 10 grandes cuadrados azules
- 1 caja
- 1 alfombra

Presentación

1. Invita al niño a que venga a hacer el ejercicio sobre la alfombra.
2. Deja la caja encima de la alfombra en cuanto el niño la haya desenrollado.
3. Crea un algoritmo con los triángulos rojos y los cuadrados azules. Por ejemplo, pon 1 triángulo, 2 cuadrados, 3 triángulos, 1 cuadrado y 5 triángulos a lo largo de la parte superior de la alfombra.
4. Empareja el algoritmo recién creado alineando en el mismo orden las figuras por debajo de la primera fila.
5. Mezcla las figuras geométricas y que el niño lo intente.
6. Deja que el niño aprecie este trabajo con cualquier ejercicio de algoritmos que pueda formar.
7. Recoge con el niño.

Si trabajas con un niño y no hay riesgos con él de que se asfixie con piezas pequeñas, puedes ampliar el ejercicio usando conjuntos de diferentes tipos de botones, pinzas para tender la ropa u otros pequeños objetos interesantes. Para los más pequeños, puedes usar solo tres objetos de cada forma para crear algoritmos.

Acuérdate de nombrar bien las formas cada vez que las cojass. Por ejemplo, «el gran triángulo rojo» y «el gran cuadrado azul» son dos frases que puedes usar con tu niño. Quizá no sea capaz todavía de repetir lo mismo, pero es importante para que las escuche.

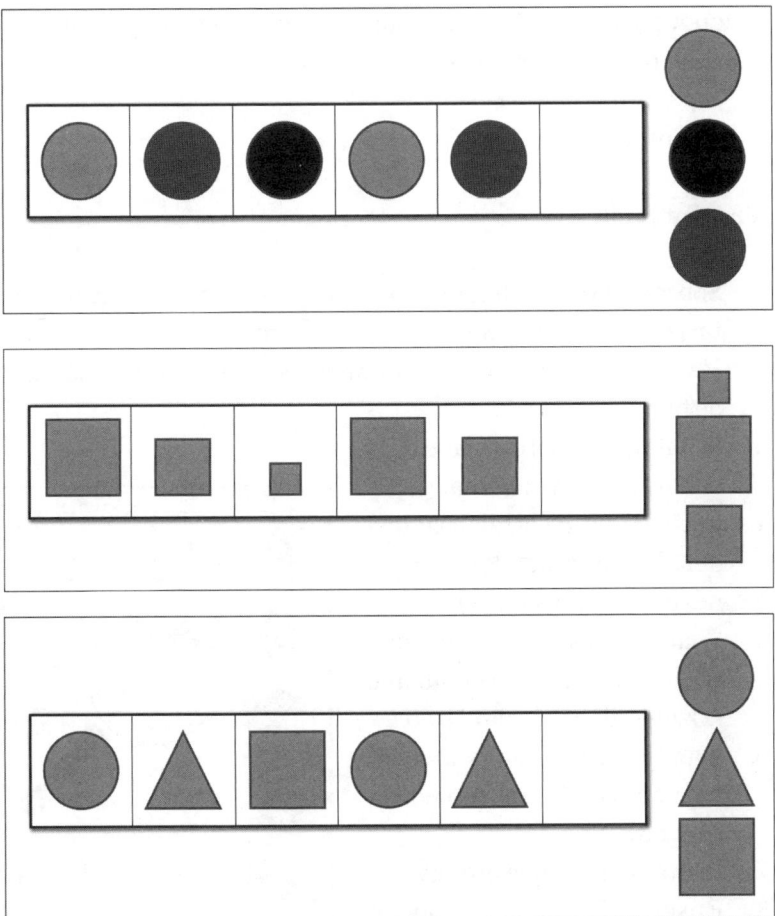

Algoritmos

Tarjetas con lupa

Edad: 2 años ½

Material

- 4 parejass de imágenes, compuestas cada una por una imagen de tamaño normal y otra de formato muy reducido solo visible con lupa; al reverso de las imágenes de cada pareja, pon una pegatina del mismo color.
- 1 lupa (dibujo)
- 1 alfombra

Presentación

1. Sobre la alfombra, haz una columna a la izquierda colocando las tarjetas con las imágenes a tamaño normal.
2. Haz una columna a la derecha usando las tarjetas con las imágenes de tamaño reducido.
3. Señala la imagen en lo alto de la columna de la izquierda.
4. Coge la lupa y recorre la columna de la derecha mirando las imágenes de tamaño reducido.
5. Cuando hayas encontrado la imagen idéntica a la de la columna de la izquierda, colócala al lado.
6. Haz lo mismo con la imagen siguiente de la columna de la izquierda.
7. Invita al niño a que prosiga.
8. Ensena al niño como puede corregirse, dando la vuelta a las imágenes para ver las pegatinas.

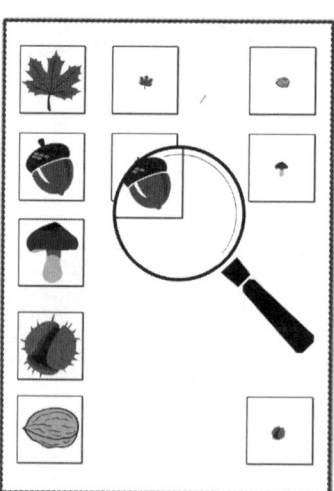

Tarjetas con lupa

La segunda caja de colores

Edad: 2 años ½

Material

- 1 caja larga con 22 tablillas: 2 rojas, 2 azules, 2 amarillas, 2 verdes, 2 malvas, 2 blancas, 2 negras, 2 marrones, 2 grises, 2 rosas y 2 naranjas

Presentación

1. Saca todas las tablillas de color y mézclalas (como en la caja n°1, ver p. 120.).
2. Comienza a ordenarlas por parejas, una por debajo de la otra.
3. Ofrece al niño seguir.
4. Una vez el ejercicio terminado, recoge las parejas de tablillas y guarda solo 3 tablillas de diferentes colores (asegúrate primero de que el niño conoce los colores de la caja n°1).
5. Haz una lección en tres pasos.
6. Enséñale los colores de tres en tres.
7. Otro día, verifica que los colores que ya se han visto estén memorizados y enséñale otros tres, continúa hasta que los sepa todos.

Bolsa misteriosa con objetos comunes

Edad: 3 años

Material

- 1 bolsa con una decena de pequeños objetos

Presentación

1. Invita los niños alrededor de una mesa para esta actividad de grupo.
2. Mete la mano en la bolsa.
3. Coge un objeto con la mano sin sacarlo ni verlo y empieza a describir sus características (textura, tamaño, forma, temperatura, etc.).
4. Cuando uno de los niños descubra su nombre, pon el objeto encima de la mesa.
5. Invita a un niño a que pruebe, pidiéndole que describa a su vez el objeto según sus características o contestando a las preguntas de los otros niños.
6. Cuando uno de los niños identifique el objeto, colócalo sobre la mesa.
7. Una vez terminado el ejercicio, pídele a un niño que vuelva a meter los objetos dentro de la bolsa y que la coloque en su sitio.

Telas

Edad: 3 años

Material

- 1 caja con 5 pares (al principio) de cuadrados de tela (14 cm^2) de diferentes tipos, tul, seda, pana, algodón, lana...
- 1 venda

Presentación

1. Saca las telas de la caja.
2. Presenta los tejidos con las texturas más alejadas entre sí primero.
3. Pide al niño que se ponga la venda.
4. Haz tocar al niño una tela con toda la mano y pídele que encuentre el cuadrado correspondiente.
5. Con su mano sobre la tela de referencia, ayuda al niño a que busque con la otra mano, usando la punta de los dedos, el segundo elemento de la pareja.
6. Guía el niño con las dos primeras parejas, proponle luego que lo haga solo.
7. Coloca las parejas, una debajo de la otra.
8. Al final del ejercicio, ofrécele al niño que verifique.

La tercera caja de colores

Edad: 4 años

Material

- 1 caja alargada con 63 tablillas organizadas en 7 tablillas de un mismo color pero cada una con un matice diferente. Los colores son: el rojo, el azul, el amarillo, el verde, el malva, el marrón, el gris, el rosa y el naranja

Presentación

1. Pide al niño que escoja un color que le guste en la caja.
2. Saca las 7 tablillas con los diferentes matices del color.
3. Coge la más oscura y colócala a la izquierda.
4. Coge la siguiente más clara y ponla a la derecha de la primera (formando una línea horizontal)
5. Coge una tercera, la siguiente más clara también, y ponla a la derecha de la segunda.
6. Pregúntale al niño si quiere buscar una tablilla más clara y seguir hasta completar la serie.
7. Otro día, empieza otra vez con otro color.
8. Pasado un tiempo, saca dos o tres matices y pídele al niño que los clasifique del más oscuro al más claro ordenándolos en filas horizontales.

YENDO UN POCO MÁS ALLÁ: EL SOL

› Saca todos los colores y colócalos como si fueran los rayos de un sol cuyo centro reúne todas las tablillas más oscuras, colocadas en círculo. Podemos poner en el centro un disco amarillo representando el sol y también como punto de partida de los diferentes matices, del más oscuro al más claro.

› Asegúrate de que los niños no mezclan los diferentes colores ya que ciertos matices son muy cercanos.

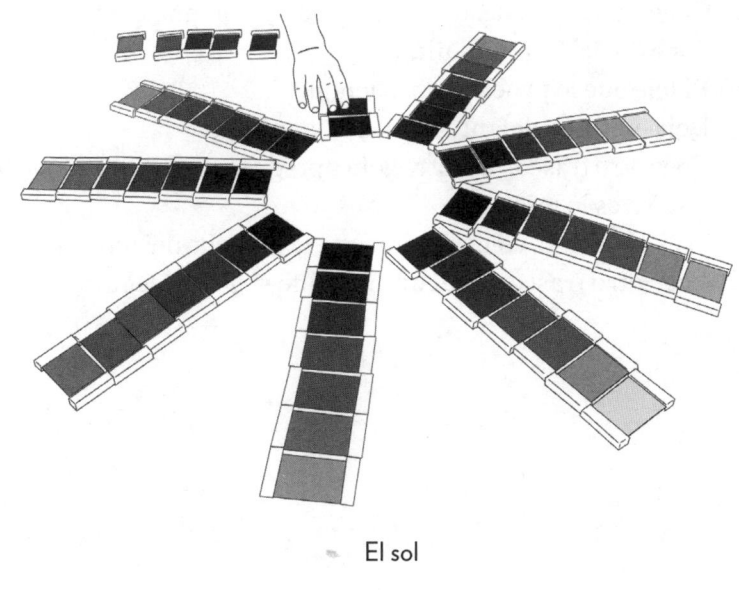

El sol

Frascos del gusto

Edad: 4 años

Material

- 1 caja con compartimentos con 8 botellas con un cuentagotas
- 4 pares de sabores diferentes (dulce, salado, amargo, ácido)
- 1 pañuelo de papel

Presentación

1. Coge un frasco, desenrosca la tapa y pon una gota sobre el dorso de la mano del niño.
2. Pídele que lo pruebe con la lengua.
3. Deja el frasco delante tuya, a la izquierda.
4. Coge otro frasco, pon otra gota y preguntar: «¿Es lo mismo?» o «¿No es lo mismo?».
5. Si es el mismo, coloca el frasco a la derecha del anterior.
6. Coge otro frasco y pregunta al niño si quiere seguir.

Frascos de olores

Edad: 4 años

Material

- 1 caja con 8 pequeños frascos (por lo menos)
- 4 parejas de olores similares (chocolate, menta, café, lavanda, por ejemplo)

No olvides el control de error.

Presentación

1. Saca un frasco, ábrelo, huélelo y que el niño lo huela también.
2. Coloca el frasco sobre la mesa delante tuya.
3. Coge otro frasco en la segunda columna, huélelo, que lo huela el niño y pregúntale: «¿Es el mismo olor?». Si el niño contesta «sí» pon el frasco a la derecha del anterior, si contesta «no», déjalo a la derecha de la caja y sigue.
4. Al final, enseña al niño cómo puede verificar sus respuestas.

Cajas de sonidos

Edad: 4 años

Material

- 2 cajas (una con tapa roja, otra con tapa azul) con 6 cilindros del mismo color (rojos y azules) cada uno capaz de emitir un sonido diferente al sacudirlo.

Las dos cajas contienen cilindros con sonidos idénticos para permitir formar parejas.

Presentación 1

1. Coloca las dos cajas delante del niño.
2. Abre cada caja y deja la tapa al lado.
3. Coge un cilindro y sacúdelo para que el niño pueda escuchar el sonido.
4. Ponlo delante de las dos cajas frente al niño.
5. Coge un cilindro de la otra caja y sacúdelo para que el niño lo escuche, pregúntale: «¿Es el mismo sonido que el otro?» Puede volver a escuchar el primer cilindro para verificar.
6. Si no suena igual, deja el segundo cilindro al lado de su caja y coge otro en la misma caja, sigue hasta que el niño dé con un cilindro que suene como el primero.
7. Cuando el niño considera que el sonido es idéntico, coloca el cilindro a la izquierda del primero.
8. Vuelve a colocar todos los cilindros que no han valido en su caja.
9. Escoge y haz sonar otro cilindro, ponlo debajo de la primera pareja, procura alinear bien los cilindros del mismo color.
10. Coge un cilindro de la segunda caja y escuchad el sonido, y así hasta que las dos cajas estén vacías.
11. Se completan todas las parejas.

12. Propón al niño verificar: hazle escuchar cada pareja de cilindros para verificar que los sonidos son idénticos. Si encuentra un error, intentará corregirlo. Si no, el ejercicio ha concluido.

Presentación 2

1. Usa una sola cajas de cilindros.
2. Ponla delante del niño.
3. Saca todos los cilindros.
4. Coge el cilindro más grave y el más agudo.
5. Sacude el más grave y dile al niño: «Este es el más grave».
6. Sacude el más agudo y dile: «Este es el más agudo».
7. Indícale luego al niño: «Vamos a ordenar los sonidos del más grave al más agudo».
8. Hazle escuchar un cilindro y déjalo encima de la mesa.
9. Haz sonar otro y pregúntale: «¿Este es más grave o más agudo?», en función de la respuesta del niño, colócalo a la izquierda del primero si el sonido es más grave o a la derecha si es más agudo.
10. Prosigue del mismo modo con el resto de cilindros.
11. Verifica escuchando cada cilindro.
12. Al final del ejercicio, verifica que los cilindros estén bien ordenados del más grave al más agudo.
13. Si el niño detecta un error, déjalo que corrija reordenando los cilindros.

MATEMÁTICAS

Capítulo 5
Preparación y presentación

El momento en el que el niño atraviesa el periodo sensible de las matemáticas es a menudo reconocible. El niño procura aprovechar todas las oportunidades para contar y pregunta cuál es el significado de las cifras.

Es primordial enseñar las matemáticas de una manera concreta y no con palabras. Como el niño no ha desarrollado todavía el pensamiento abstracto, una vez más, recurriremos a las actividades de manipulación. Poco a poco, a través de las actividades, acompañaremos al niño de lo concreto a lo abstracto.

> *Es primordial enseñar las matemáticas de una manera concreta y no con palabras.*

El adulto va a organizar y diseñar bandejas o cestas agrupadas en una estantería o balda dedicada a las matemáticas. Tendrán que ser conjuntos atractivos que permitan numerosas actividades: recuento, operaciones, etc.

Asimismo, podemos pensar en sencillas actividades de la vida cotidiana, **teniendo en cuenta lo importante que es relacionar e integrar la enseñanza de las matemáticas en la vida del niño.**

De manera general, introducimos muy pronto la retahíla de los números haciéndole contar sus pasos, los cubiertos cuando pone la mesa, el número de invitados, los cochecitos, etc. Se trata de que retenga sin darse cuenta de ello; también podemos hacerle contar con sus dedos.

Las actividades de clasificación, por conjunto de objetos según el color, la forma, el tamaño, etc., que hemos abordado en la parte sensorial preparan también a las matemáticas.

Podemos añadir a esa lista ciertas actividades de vida práctica.

Una vez más el adulto tendrá que recordar que solo abordamos una dificultad a la vez y pasamos a la siguiente cuando la anterior ha sido superada.

LA PREPARACIÓN DEL MATERIAL

Las actividades se preparan sobre alfombras o en cestas y guardadas juntas sobre la repisa dedicada a esta asignatura, se recogen y se dejan tal y como las hemos encontrado.

Con esta organización, el niño entiende que cuando domina la actividad de una bandeja, puede pasar a la bandeja siguiente situada a la derecha de la anterior, pudiendo así avanzar por sí mismo.

Las bandejas deben reflejar ciertas cualidades estéticas y no estar demasiado cargadas. Cuando diseñes una bandeja procura introducir una sola dificultad a la vez.

LA PRESENTACIÓN DE LOS EJERCICIOS

Presentaremos los ejercicios tal y como hemos hecho para las actividades de vida práctica y de vida sensorial, respetando la disposición y el orden de presentación de izquierda a derecha y de arriba hacia abajo.

Sujetaremos siempre los elementos con «la pinza»: pulgar, índice y dedo corazón.

Para concluir, cuando lleguemos a los aprendizajes más abstractos, por ejemplo, las cifras, lo haremos usando la lección en tres pasos (ver p. 187).

Capítulo 6
Las actividades

Juegos con recuentos

Edad: 2 años

Material

- Objetos idénticos; por ejemplo, unos cochecitos, unas castañas o unos lápices.

Presentación

En cuanto tu niño sepa la retahíla del 1, 2, 3 etc., es importante que entienda que eso representa unas cantidades. Para ello, tienes que aprovechar y hacer numerosos juegos con él, por ejemplo: «1, 2, 3 coches, tengo en mi mano 3 coches, ¿puedes coger 2?» o «Ves esos lápices? ¿Cuántos quieres que coja? ¿Puedes coger 4?», etc.

Cifras rugosas

Edad: 3 años

Material

- Tablillas de madera con una cifra hecha de papel de lija que el niño pueda tocar del 1 al 3 (una cifra por tablilla)

Presentación

1. Saca la tablilla con el 1. Repasa la forma con el índice y el dedo corazón y di al mismo tiempo «1». Invita al niño a que toque y a que repita «1».
2. Haz lo mismo con la tablilla «2», luego enseña la tablilla «3».
3. Coloca una al lado de la otra las tres tablillas y pídele al niño lo siguiente: «Enséñame el 1», «Enséñame el 3»,«Enséñame el 2».
4. Si el niño se ha confundido, no le digas nada, pídele que vuelva a tocar la tablilla y vuelve a decir la cifra correcta con él.
5. Mezcla las tablillas y sigue hasta que el niño lo domine, variando las acciones: «Dame el 2», «Esconde el 3», «Pasa tus dedos sobre el 1», etc.
6. Pon una sola tablilla delante del niño y pregúntale: «¿Qué es?». Haz lo mismo con la segunda y la tercera.
7. Concluye: «Hoy has aprendido a reconocer el símbolo del 1, del 2, y del 3».

Juego de asociación símbolo/cantidad

Material

- Unos trozos de papel doblados para que queden muy pequeños, cada uno tiene una cifra escrita del 0 al 10
- Diferentes objetos para contar, por ejemplo bolillos, fichas, cilindros, bloques, perlas, conchas, etc. (Los objetos contenidos en la caja so todos idénticos)
- 1 bonita caja

Presentación

1. Coge un papelito y ábrelo.
2. Lee para ti sin que el niño vea la cifra escrita en el papel.
3. Saca un número de objeto correspondientes a la número escrito.
4. Pídele al niño que adivine lo que está escrito en el papel.
5. Enséñale el número en el papel para verificar si la respuesta es correcta.
6. Invita al niño a que coja un papelito y a escoger el número correcto de objetos.
7. Te toca adivinar.

Tarjetas con pinzas

Edad: 3 años

Material por elaborar

- 5 o 6 folios
- Traza una línea negra horizontal a 2,5 cm del borde inferior de cada hoja. Separa el espacio obtenido por debajo de esa línea negra en 3 partes iguales.
- Dibuja en la parte superior de uno de los folios 2 cristales de nieve procurando que ocupen todo el espacio. En las 3 casillas de abajo, escribe: «1,2,3». En el reverso de la tarjeta, en el sito que corresponde a la casilla 2, pon una pegatina de color. Plastifica la tarjeta.
- Proceder del mismo modo con el resto de los folios variando las cifras
- 1 pinza para tender la ropa
- 1 caja

Presentación

1. Lleva la caja a una mesa e invita al niño a trabajar contigo.
2. Escoge una tarjeta y pídele al niño que cuente el número de objetos dibujados.
3. Coge la pinza y enséñale al niño como usarla para ponerla encima del número que ha escogido.
4. Dale la vuelta a la tarjeta y muéstrale que la pinza se encuentra sobre la pegatina; por lo tanto su respuesta es correcta.

Cifras y fichas

Edad: 3 años

Material

- 1 caja
- cifras rojas del 1 al 10 (1 y 0) recortadas
- Unas fichas rojas de plástico (55)

Presentación

1. Invita al niño a que coloque las cifras formando una línea horizontal de izquierda a derecha, del 1 al 10.
2. Muéstrale el 1 y coloca una ficha debajo. Luego el 2 y coloca dos fichas, una al lado de la otra en sentido horizontal, dejando un poco de espacio entre las dos. Después el 3, poniendo tres fichas, dos una al lado de la otra, volviendo a dejar un poco de espacio entre ellas y la tercera debajo del hueco dejado entre las dos fichas superiores.
3. Para el 4, coloca 2 fichas una al lado de la otra y las dos otras debajo. Para el 5, pon las 4 primeras fichas al igual que el 4 y el quinto bajo el hueco libre entre las dos fichas superiores. Invita al niño a que siga con la disposición de las fichas bajo las cifras hasta 10.
4. 1er paso: «Hoy te voy a presentar la noción de par e impar». Enséñaselo señalando las cifras y diciendo las palabras «par» y «impar».
5. 2do paso: Pídele al niño que señale una cifra par y luego una impar. Así varias veces.

6. 3er paso: enséñale una cifra y pregúntale: «¿Cómo es ese número?» Luego señala otra cifra haciendo la misma pregunta, repite el proceso varias veces.
7. Concluye: «Hoy has aprendido que 1,3,5,7,9 son cifras impares y que 2,4,6,8,10 son cifras pares».

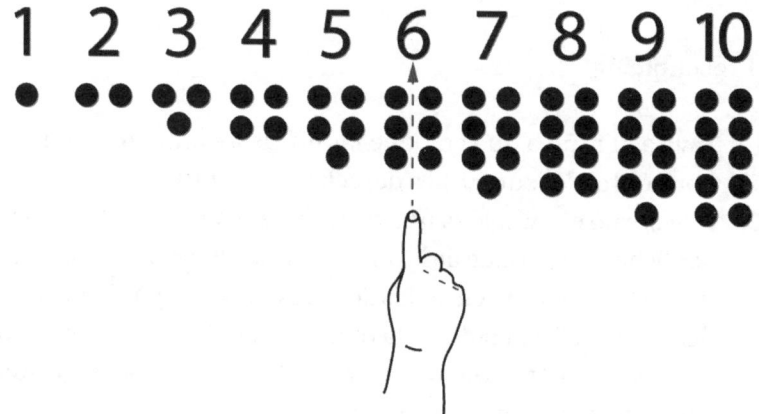

Actividad «Fichas»

LENGUAJE

Capítulo 7
Preparación y presentación

Entre los 0 y 6 años, el niño se encuentra de lleno inmerso en el periodo sensible del desarrollo del lenguaje. Quien dice lenguaje, dice desarrollo del vocabulario, de la sintaxis y del aprendizaje de la lectura.

Desarrollar el vocabulario del niño es esencial para la adquisición de la confianza en sí mismo y para que consiga sentirse bien. Cuanto mejor pueda expresar lo que siente y lo que desea, mejor se encontrará en este mundo.

> *Desarrollar el vocabulario del niño es esencial para la adquisición de la confianza en sí.*

Es muy importante hacer lo posible para desarrollar el vocabulario del niño, y para ello el adulto puede diseñar varias actividades.

A través de las actividades de vida práctica y de vida sensorial, el niño tendrá la oportunidad de desarrollar su vocabulario. Lo mismo ocurre con las actividades llamadas «culturales», que permiten al niño conocer el planeta y poder emplear siempre la palabra adecuada. En matemáticas, siguiendo el mismo hilo conductor, el adulto usará siempre los términos correctos.

La responsabilidad de organizar el entorno para preparar a la lectura, también recae sobre el adulto. Esto puede hacerse con imágenes variadas sobre temas diversos, a través de la lectura de historias, canciones, etc. La lectura de historias debe realizarse en un ambiente de calma y serenidad. El libro debería ser siempre una fuente de alegría para el niño; contribuir al desarrollo equilibrado de su persona; despertar su espíritu, estimula su imaginación, ensanchar sus horizontes, enriquecer su vida al afinar y ampliar su vocabulario.

> *El libro debería ser siempre una fuente de alegría para el niño.*

Leer juntos permite a los niños entender que se puede compartir emociones gracias a una historia: reír juntos, tener miedo juntos, etc.

Una vez más, no olvidemos que somos un modelo para el niño. Si queremos que lea, nos tiene que ver leyendo. El mismo proceso se aplica para la escritura: un niño cuyos padres solo escriben con el ordenador, no entenderá la necesidad del gesto de la escritura, mucho más complejo que el de teclear. No olvidemos, pues, de escribir listas, postales, pequeños mensajes.

Podemos organizar actividades variadas para estimular el lenguaje. El uso de imágenes es interesante, porque el niño necesita elementos concretos; por lo tanto, el uso de ilustraciones o fotos como un soporte se convierte en algo importante.

De manera muy sencilla podemos enseñar una imagen y preguntar al niño que describa lo que ve, que busque los detalles, los objetos o los personajes escondidos. La casa de muñecas, el garaje y la granja en miniatura pueden cumplir una función idéntica.

A esa edad el niño siente a menudo las ganas de aprender a leer y es muy importante saber responder a ese anhelo. Sin embargo, es fundamental respetar siempre la presentación jerárquica de las cosas.

LA PREPARACIÓN DEL MATERIAL

Podemos preparar sin ningún tipo de inconvenientes, un material que sirva tanto al desarrollo del vocabulario como para el inicio de la lectura.

Al niño, le gusta que le preparen actividades relacionadas con su vida; por lo tanto, hay que pensar en usar fotos de acontecimientos en los cuales ha participado, de las personas, y de los animales con los que vive, etc.

Le agrada mucho aprender las letras que corresponden a sonidos de palabras que le atañen en lo personal, como la primera letra de su nombre, la de un miembro de su familia que aprecia. Es feliz si se le prepara sus propios libros con sonidos, sus propios libros de historias, etc.

El adulto debe procurar siempre crear un material que resulte bonito, guardado en hermosas cajas, dar un aspecto especial y único al conjunto del material utilizado en las actividades de desarrollo del lenguaje.

Estas actividades y sus elementos se guardan en una misma repisa, dispuestos en bandejas, cestas o en unas bonitas cajas de color, materia y tamaño diferentes.

El niño tendrá más interés en aprender el vocabulario de un tema que le atrae. A consecuencia de ello, el adulto debe acompañarle en sus centros de interés y diseñar material en función de ello. De nuevo, observar al niño y su evolución, son tareas cruciales.

En la pedagogía Montessori ofrecemos al niño tarjetas de nomenclatura para enriquecer su vocabulario; su diseño y fabricación no tienen límites, se pueden realizar sobre cualquier tema.

Cuando el niño es muy pequeño, usaremos objetos concretos, luego, poco a poco, un número limitado de imágenes (no más de cuatro), las cuales, después, irán en aumento.

El adulto tiene que enriquecer también su vocabulario. Es primordial que cuando haga la descripción de algo, el adulto **emplee siempre las palabras precisas;** por ejemplo, decir «un gorrión» en vez de usar «pájaro», el sustantivo genérico, y lo mismo con los árboles, las flores, etc.

Los inicios del aprendizaje de la lectura consisten en juegos sobre los sonidos, dado que el niño debe descubrir que una palabra se compone de estos últimos. Luego, podrá aprender que letra corresponde a ese sonido. Por todo ello, es muy importante organizar el rincón de lectura en un lugar tranquilo, para que el niño pueda concentrarse en los sonidos.

A la hora de elaborar el material, es fundamental respetar los colores, las dimensiones de las tarjetas definidas por la pedagogía Montessori, y dar la máxima importancia a la autocorrección, para que el niño pueda trabajar y corregirse solo.

PRESENTACIÓN DE LOS EJERCICIOS

Las presentaciones se hacen de la misma manera que para las otras categorías de actividades. Nos instalamos con el niño sobre una alfombra o una mesa tras haberle propuesto la actividad y haber ido a buscarla en su balda o estantería correspondiente; respetando siempre el orden de los ejercicios: de izquierda a derecha y de arriba hacia abajo.

Todo tiene que desarrollarse con tranquilidad y las presentaciones se hacen de manera pausada.

El rincón de lectura organizado para el niño debe ser un rincón confortable con una alfombra o un sillón, un número limitado de libros de temáticas variadas, con las portadas colocadas frente a él. Los libros deben cambiarse con regularidad, en función de las estaciones y los acontecimientos que marcan el año del niño.

Para las actividades de lectura y juegos sobre sonidos, es importante encontrar objetos bonitos para que el niño tenga muchas ganas de manipularlos. Una vez más, el adulto presentará las cosas de lo concreto hacia lo abstracto, los objetos al principio y luego vienen las imágenes.

Nos acordaremos del principio de «una sola dificultad a la vez» en la elaboración y presentación del material.

Para los juegos con sonidos y el aprendizaje de las letras, no podemos implementar la autocorrección. El resultado es una situación que requiere por parte del adulto mucha diplomacia para no herir la sensibilidad del niño, si este comete errores. Como consecuencia de ello, la presencia del adulto es a menudo necesaria en este tipo de actividades.

Capítulo 8
Las actividades – desarrollo del lenguaje

La biblioteca

En la habitación del niño debe encontrarse una alfombra delante de una biblioteca formada por libros variados.

Edad: 0-18 meses

La biblioteca es un elemento muy importante del entorno inmediato del niño, que la usa para entender cómo levantarse agarrándose a ella. Como consecuencia de ello, tienes que verificar siempre que la estructura del mueble se mantiene sólida y que no se puede caer.

Mientras el niño sea muy pequeño, escoge libros con una sola imagen por página (del tipo diccionario ilustrado para niños). Existen diccionarios ilustrados sobre un gran número de temas: animales, objetos de la casa, la naturaleza, etc.

Puedes hacer estos libros con una impresora. Con este método de fabricación casero puedes realizar libros con temas tan diversos como: los miembros de la familia, los animales y los objetos de la casa. Puedes escribir el nombre de las personas, de los animales y de los objetos y compartirlo con el niño en una animada conversación.

La primera colección de libros del niño puede surtirse con los temas siguientes:

- los animales, los pájaros, los reptiles y las plantas
- los colores y las formas
- los alimentos
- los objetos de la casa
- el sistema solar, los planetas, las estrellas
- las diferentes partes de una planta o de una flor
- los vehículos

Una idea divertida puede ser coger varias fotos de una persona importante para el niño, con diferentes posturas y en diferentes sitios. El uso de estas fotos permiten introducir las preposiciones: sobre una silla, bajo la mesa roja, en la bañera, todo ello de modo gracioso.

Puedes aprovechar estos momentos para preguntarle al niño sobre las fotos que está mirando, porque sabes que conoce a esas personas. Aprovecha el soporte del material, transformando ese momento en una charla en vez de solo hacer preguntas. Esta es la oportunidad para el niño de iniciar una verdadera conversación con el adulto.

En el entorno Montessori los más pequeños no usan libros de ficción. Nos centramos en verdaderas historias, con verdaderos personajes y hechos reales. El poder de absorción del cerebro del niño es el principal motivo detrás de esta decisión. El cerebro, al crecer tan rápido, capta todo lo que se encuentra a su alrededor, sin disponer todavía de espacio suficiente para los conceptos como: fingir, y «hacer como». Los niños a esa edad no han desarrollado todavía las herramientas para aplicar la distinción entre realidad y ficción así que si les ayudamos a almacenar en su cerebro, hechos reales, situaciones y cosas verdaderas estamos reforzando un desarrollo pleno y equilibrado...

Esto no significa que no puedas introducir historias maravillosas de animales como en los cuentos clásicos, pero cuando selecciones los libros, procura eliminar a los personajes de dibujos animados y de los cuentos de hadas para mantener un conjunto de relatos bastante realistas.

Para los niños pequeños, nos centraremos en libros que traten del mundo real. Como por ejemplo: libros de imágenes, libros sobre el planeta, para que pueda ojearlos solo, o bien para que puedas leerlos con él. Puedes conservar los diferentes temas mencionados más arriba, y añadirles nuevos libros.

Si tu niño se interesa en particular por los gatos, busca un libro que trate de todas las especies de gatos en sus hábitats respectivos. Si a tu niño le gustan los vehículos, consigue libros que tengan bonitas imágenes de todo lo relacionado con tractores, camiones, etc.

La colección de libros enriquecida y ampliada de tu niño puede albergar los temas siguientes:
- los animales de África, de Asia y otros continentes;
- las diferentes especies de un mismo animal;
- los hábitats;
- los diferentes tipos de vehículos que podemos encontrar en una granja;
- las variedades de frutas, verduras y hortalizas;
- las diferentes variedades de arboles y flores;
- las diferentes variedades de hojas y de arboles;
- los diferentes tipos de alimentos;
- los niños de otros países.

Material

- libros

Presentación

1. Es necesario de antemano establecer unas reglas de comportamiento en relación con el uso y la manipulación de los libros (desde el respecto y la precisión); por ejemplo, no se mete el libro en la boca. Asegúrate de coger un solo libro a la vez (limita el número de libros en la biblioteca del niño, de hecho es preferible cambiar con regularidad su contenido, siguiendo las estaciones, los acontecimientos del año, sus centros de interés, etc.).
2. Acuérdate siempre de leer el título del libro al empezar.
3. No digas demasiadas palabras.
4. Repite varias veces la historia.
5. A medida que repites la historia, añade detalles.
6. Cuando el niño tenga alrededor de un año, para explicar una imagen, puedes empezar a contar una historia compuesta de una sola frase.

YENDO UN POCO MÁS ALLA...

Modifica tu voz y varía tus expresiones faciales cuando leas una historia al niño. Haz también a menudo ruidos; por ejemplo, enseña la imagen de un animal e imita su voz. Esto te ayudará a captar y a mantener la atención de tu niño, a la vez que su interés por la actividad aumenta. Procura darle tiempo para que también diga palabras y haga sonidos del mismo modo.

La granja, el garaje o la casa de muñecas

Edad: 0-18 meses

Material

- 1 granja con animales y todos sus elementos característicos (un tractor, los haces de paja, etc.)
- 1 garaje con vehículos de diferentes tipos y colores
- 1 casa de muñecas con los personajes de la familia (el padre, la madre, la hija, el hijo, etc.), los muebles (cama, bañera, cómoda, sofá, etc.) y los accesorios de la casa (utensilios, alfombra para cada uno de estos conjuntos y una cesta para guardar los elementos
- los accesorios y/o los animales se colocarán en una cesta que se dejará encima de la alfombra al lado del edificio

Presentación

1. Propón al niño que se reúna contigo encima de la alfombra de la granja, por ejemplo.
2. Saca los animales y los elementos de sus cestas y ponlos delante del niño encima de la alfombra.
3. Di el nombre de cada uno mientras los colocas en la granja.
4. Da también diferentes detalles relativos a los animales (su hábitat, su grito, su color, el nombre de la hembra, del macho, de las crías, lo que comen, etc.).
5. Introduce poco a poco el vocabulario.
6. Luego, pídele al niño que identifique los diferentes elementos.
7. Haz lo mismo con la casa y el garaje.
8. Después, deja que el niño se divierta con la granja, el garaje o la casa.
9. Luego, deja que varios niños jueguen juntos, inventando así historias y desarrollando su vocabulario y sintaxis.

Formando parejas con objetos reales

Edad: 12 meses

Material

- 1 cesta o 1 bandeja
- Colecciones de 4 o 5 pares de objetos como frutas, verduras y legumbres, utensilios de cocina, conchas, etc.

Presentación

1. Invita al niño: «Hoy, vamos a estudiar cosas nuevas: unas legumbres. ¿Te gustan las legumbres?».
2. Coge una legumbre, o una verdura en la cesta, tócala, huélela y luego dásela al niño.
3. Pregúntale si puede encontrar la misma legumbre en la cesta.
4. Coloca la pareja de verduras formada sobre la alfombra o la mesa.
5. Sigue así con el resto de hortalizas.
6. Luego, vuelve a coger una verdura, di su nombre y devuélvela a la cesta.
7. Pregúntale al niño si ve la misma hortaliza y si puede también dejarla en la cesta.
8. Puedes aprovechar para describir la hortaliza.
9. Sigue el mismo proceso con las otras parejas de objetos.

YENDO UN POCO MÁS ALLÁ...

› Coge una hortaliza de cada tipo.
› Di el nombre de la legumbre o verdura cuando la tengas en la mano.
› Déjala sobre la alfombra.
› Haz lo mismo con las otras hortalizas.
› Pídele al niño si puede volver a encontrar la hortaliza idéntica a la primera que ha sido escogida.
› Sigue con el proceso.
› Coge una hortaliza de la cesta y pídele al niño si ve la misma encima de la alfombra.
› Para terminar, pídele al niño que coja una hortaliza para colocarla en la cesta.

Réplicas de objetos

Edad: 18 meses

Material

- 1 caja, cesta o 1 bandeja
- Parejas de figuritas que representen animales, medios de transporte, etc.

Presentación

1. Coge un animal.
2. Dáselo al niño para que lo toque.
3. Pídele que escoja el mismo animal en la cesta.
4. Coloca el animal que ha escogido a la izquierda de la miniatura que es igual.
5. Haz lo mismo con las otras figuritas.
6. Cuando todas las figuritas estén sobre la alfombra, pídele al niño que escoja un animal y que lo coloque de nuevo en la cesta.
7. Sigue con todos los animales.

YENDO UN POCO MÁS ALLÁ...
(OTRO DÍA O JUSTO DESPUÉS)

> Coge un animal, nómbralo y ponlo sobre la alfombra.
> Haz lo mismo con los otros animales.
> Haz el 2º paso de «La lección en tres pasos» (ver p. 187).
> Cuando se haya acabado, pídele al niño que recoja uno a uno los animales.

Tarjetas de nomenclatura

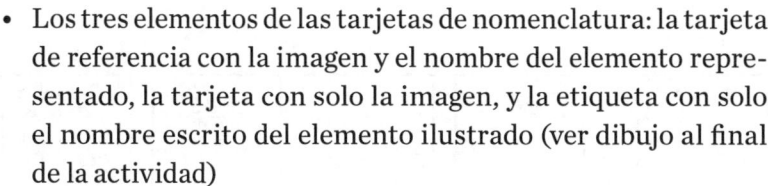
Edad: 18 meses

Material

- Los tres elementos de las tarjetas de nomenclatura: la tarjeta de referencia con la imagen y el nombre del elemento representado, la tarjeta con solo la imagen, y la etiqueta con solo el nombre escrito del elemento ilustrado (ver dibujo al final de la actividad)

Presentación

1. Coge una pequeña alfombra o una bandeja y pon encima las tarjetas de nomenclatura.
2. El niño debe alinear de izquierda a derecha las diferentes tarjetas que incluyen un dibujo y el nombre asociado a este último.
3. Una vez colocadas, tiene que juntar con estas la tarjeta que contiene solo la imagen y después encontrar la etiqueta con el nombre correspondiente.
4. Si el niño sabe leer, pondrá boca abajo las tarjetas de referencia, alineadas en la parte superior de la alfombra o bandeja, para que no se vea ni el nombre ni la imagen, quitará las etiquetas y las volverá a colocar de manera correcta.
5. Con el objetivo en mente de desarrollar su autonomía y su autodisciplina, el niño vuelve a poner boca arriba a las tarjetas de referencia, de manera que la imagen y el texto sean visibles, permitiendo así corregirse solo.
6. Una vez corregido el ejercicio, ofrécele al niño una pequeña libreta donde se retoma lo que ha descubierto con las tarjetas de nomenclatura. Solo coloreará la parte correspondiente a la actividad recién terminada, por ejemplo los pétalos. Estas libretas son muy apreciadas por los niños porque les gusta rellenarlas y pueden guardarlas.

Puedes realizar tarjetas de nomenclatura en relación con cualquier campo que desees que el niño mire o que le apasione: los diferentes tipos de vehículos, los diferentes insectos, los dinosaurios, etc.

Tarjetas de nomenclatura

Tarjetas con imágenes concretas y asociación de objetos

Edad: 2 años

Material

- 1 cesta, caja o 1 bandeja
- Objetos (por ejemplo, figuritas representando animales) y sus tarjetas correspondientes, con imágenes similares

Presentación

1. Saca un objeto de la cesta.
2. Di el nombre del objeto mientras lo dejas delante del niño encima de la alfombra.
3. Procede de la misma manera con el resto de objetos, alinéalos de izquierda a derecha en la alfombra.
4. Coge una imagen y dile al niño: «Esto es la imagen de un león».
5. Deja la imagen sobre la alfombra y coge el objeto correspondiente.
6. Coloca el objeto sobre la imagen.
7. Haz lo mismo con el resto de objetos.
8. Propón al niño que haga lo mismo.

TARJETAS MÁS ABSTRACTAS Y ASOCIACIÓN DE OBJETOS

Se trata del mismo ejercicio que el anterior, salvo que esta vez en la imagen que corresponde al animal, pondremos, por ejemplo, el animal en medio de un decorado y no tendrá la misma pose que la figurita. Esto volverá las cosas un poco más abstractas y un poco más complejas para el niño.

Tarjetas que van juntas

Material

- 1 bandeja
- Imágenes emparejadas (6 parejas al principio); por ejemplo, un cubo y una pala de juguete, una grapa y una grapadora, un pincel y un bote de pintura

Presentación

1. Invita al niño a hacer la actividad.
2. Colócate sobre la alfombra al lado del niño.
3. Saca todas las imágenes sobre la alfombra, formando una línea de izquierda a derecha.
4. Coge una imagen y nómbrala.
5. Pregúntale al niño si puede encontrar la imagen que va con ella (ejemplo: un bote de pintura y un pincel).
6. Coge otra imagen, nómbrala y pídele al niño que siga.

Tarjetas opuestas

Edad: 2 años

Material

- 1 bandeja
- Una serie de imágenes emparejadas de elementos relacionados entre sí, pero que se oponen (6 parejas de imágenes al principio); por ejemplo: un zapato sucio y un zapato limpio, una caja cerrada y una caja abierta, un niño subiéndose a un tobogán y el mismo niño bajando por él.

Presentación

1. Invita al niño a que haga el ejercicio contigo.
2. Siéntate sobre la alfombra al lado del niño.
3. Saca todas las imágenes, ponlas sobre la alfombra y colócalas formando una línea de izquierda a derecha.
4. Coge una imagen y nómbrala.
5. Pídele al niño si puede encontrar la imagen opuesta (ejemplo: un zapato limpio y un zapato sucio).
6. Coge otra imagen, di lo que es e invita al niño a que siga.

Describir una imagen

Edad: 2 años

Material

- 1 libro, o imágenes, o cualquier soporte que permita mantener una conversación.

Presentación

1. Enseña a los niños la imagen de un libro y pregúntale a cada uno qué es lo que ven.
2. Es esencial mostrar a los niños que lo que expresan y piensan es importante para ti.

Noticias

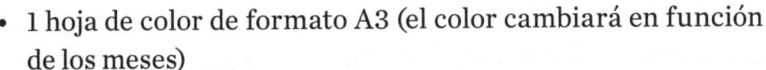
Edad: 2 años

Material

- 1 hoja de color de formato A3 (el color cambiará en función de los meses)

Presentación

Esta actividad se hace con varios niños.

1. Escribe la fecha en la parte superior de la hoja, pregunta a los niños sobre el día, la fecha, el mes y el año.
2. Pídele a cada niño que exprese algo que tenga ganas de compartir con los compañeros. Lo llamaremos «dar su noticia».
3. Resume la noticia en una frase escrita sobre la hoja indicando el nombre del niño, por ejemplo: «Alejandro tiene nuevos zapatos».
4. Propón a cada niño que dé su noticia.
5. Los otros niños deben escuchar, al que habla, insiste en ello.
6. Cuando todos los que han deseado hablar se han expresado, relee las noticias lentamente.
7. Cuelga la hoja con las noticias en el aula, al exterior o en un sitio concreto de la casa.

Imágenes secuenciales

Edad: 2 años ½

Las imágenes secuenciales son series de imágenes que ilustran una pequeña historia. El niño debe ordenar la sucesión de acciones. Es un material sencillo que gusta mucho a los niños y les permite enriquecer su vocabulario, desarrollar su sentido de la observación y su capacidad de análisis de las situaciones. Por ejemplo, la línea de vida (el ciclo vital) de una manzana, la de un jacinto, o la de un polluelo hasta que crece y se hace pájaro y empieza a volar.

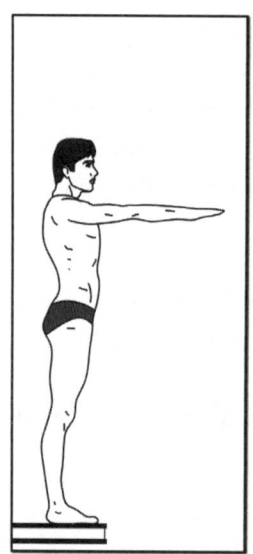  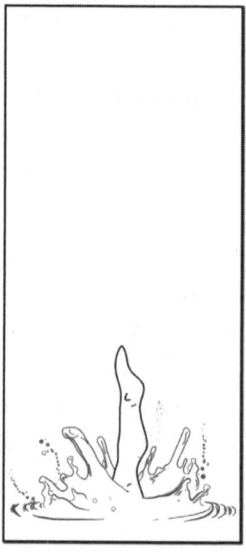

Imágenes secuenciales

Familias de animales

Edad: 2 años ½

Material

- 1 bandeja o 1 cesta
- Figuritas de animales agrupados por familias; por ejemplo, el carnero, la oveja y el cordero

Presentación

1. Lleva la cesta cerca del niño.
2. Anuncia: «Hoy te voy a presentar la familia de la oveja».
3. Saca el carnero: «Aquí tienes el carnero, ¿lo quieres tocar?» Deja que el niño lo analice bien con sus diferentes sentidos.
4. Procede de la misma manera con la oveja y el cordero.
5. Coloca formando una línea los tres animales y di: «Enséñame el carnero», «Dame la oveja», «Toca el cordero».
6. Sigue variando y mezclando las acciones, hasta que el niño domine la identificación de los animales. Si se confunde, no le digas nada, haz que toque de nuevo las figuritas y dile el nombre correcto para que lo repita después.
7. Coloca un solo animal delante del niño y pregúntale: «¿Qué es?».
8. Haz lo mismo con los dos otros animales.
9. Concluye con la siguiente frase: «Ahora conoces los miembros de la familia de la oveja: el carnero es el macho; la oveja es la hembra y el cordero, su cría».

Vocabulario con los artistas

Edad: 2 años ½

Material

- 1 conjunto de tarjetas de artistas
- 1 caja para las tarjetas
- 1 mesa que esté a la altura del niño o 1 alfombra

El conjunto de tarjetas debe incluir: 1 tarjeta del artista y 5 tarjetas representando obras suyas. Por ejemplo, podemos representar Van Gogh y Warhol. Es un material muy sencillo de realizar con imágenes sacadas de Internet.

Presentación

1. Invita al niño a acompañarte.
2. Lleva las tarjetas sobre la alfombra o la mesa y siéntate al lado del niño.
3. Presenta la tarjeta de Van Gogh. Enséñale la tarjeta al niño diciendo: «Este es Vincent Van Gogh». Deja la tarjeta en la parte superior izquierda de la alfombra.
4. Enseña la primera imagen de una obra de Van Gogh. Por ejemplo, el cuadro de los girasoles, y dile: «Van Gogh pintó este cuadro, se llama *Los Girasoles*».
5. Preséntale los otros cuadros de Van Gogh de la misma manera.
6. Preséntale Warhol y sus obras. Pon la imagen de Warhol en la parte superior de la alfombra a la derecha de Van Gogh. Puedes señalarle que las técnicas y estilos son muy diferentes. A continuación, sigue colocando las obras de Warhol debajo de su retrato.
7. Si el niño sigue interesado, mezcla las cartas y vuelve a empezar. Si no, recógelas.

YENDO MÁS LEJOS...

› Si se rehace este ejercicio, podemos colocar las tarjetas de Van Gogh y Warhol en la parte superior de la alfombra y decir: «Busco un cuadro de Van Gogh...».
› Dale al niño un rato para que busque. Si no lo encuentra, dile: «Aquí está el cuadro de los girasoles».
› Si el interés del niño se mantiene alto, deja que busque solo los cuadros correspondientes.

Capítulo 9
Las actividades – la lectura

Juegos de sonidos con objetos

Edad: 2 años

El juego del espionaje

1. Este juego puedo ser presentado a los niños pequeños, pero es necesario que hablen con fluidez para no toparse con dificultades con el lenguaje. El adulto pone sobre la mesa un grupo de objetos, cuyo nombre empieza por la misma letra y sonido, la «c», por ejemplo: una canica, una caja, un cubo y unos cuantos objetos cuya letra y sonido inicial sea diferente, como un botón, una bolsa, unas tijeras. Coge la caja y pregunta: «¿Podéis oír la [ccc] en la caja?» Luego di: «Mi ojito ve otra cosa empezando por [bbb]» Como los objetos deben ser obvios, el juego es fácil para los niños. Esta obviedad es necesaria para facilitar la actividad, los niños necesitan entrenarse mucho en esta fase, usando los varios sonidos al inicio de las palabras.
2. Una posible variante consiste en poner dos objetos sobre la mesa, por ejemplo una pelota y una taza y decir : «Mi mano va coger un objeto que empieza por [ppp]. ¿Cuál es?»
3. Luego, puedes plantear juegos como:« Espió el objeto que empieza por [ppp] como «pelota». ¿Dónde esta en la habitación?»

4. Después está el juego con palabras fonéticas de 3 letras; por ejemplo: bol, ajo, col, bus, oca, ojo. Ayuda al niño a escuchar el sonido del final de la palabra y del medio. Luego, pregúntale que encuentre el objeto donde se oye al final el sonido [lll] o el que tiene [aaa] en el medio.
5. En la fase siguiente, pídele al niño que dé una palabra donde se oigan 3 sonidos; por ejemplo, «col». Todavía no deletrea la palabra, pero distingue el sonido.
6. Para concluir, puedes jugar al juego donde el niño debe pensar en todas las palabras posibles empezando por el sonido [ttt], o [sss] o [ch].

Los juegos de las excepciones

Cuando los niños empiezan a entender la noción de sonidos, puedes preguntarle si oímos el mismo sonido «cera y pera», «berro y perro» o «arde y tarde», o cuáles son las excepciones en una serie de palabras de 3 letras; por ejemplo: col, bol, sal, crol, sol...

YENDO MÁS ALLÁ...

❭ Coge varios objetos y pide al niño otro tanto de cada categoría. Ordenarlos según si se oye el sonido o no. Por ejemplo: «¿Oyes [a] o no oyes [a] ?»
❭ Pídele al niño que dibuje un objeto que empiece por un sonido en concreto.
❭ Buscad en la casa un objeto que empiece por un sonido en particular.
❭ Coloca parejas de objetos cuyos nombres terminen, empiecen o tengan en el medio el mismo sonido.

Mi ojito ve

Edad: 3 años

Material

- Unas fichas plastificadas con 10 imágenes en cada una de ellas.

Presentación

De la misma manera que para los sonidos con los objetos, este ejercicio consiste en pedirl al niño que encuentre en la ficha una palabra que empiece o termine por un sonido escogido, o cuyo sonido se encuentre a mitad del nombre.

> **YENDO MÁS ALLÁ...**
>
> Puedes utilizar estas fichas para enseñar elementos de conocimiento y cultura a los niños. Por ejemplo: «Enséñame todo lo que está vivo en la ficha, todo lo que fluye, todo lo que pertenece al reino animal, todo lo imantado, etc». (Se abordarán primero las lecciones concretas sobre los temas, para ello, refiérete a la parte sobre cultura p. 183).

Letras rugosas y/o arena

Edad: 3 años

Material

- 1 caja con las letras rugosas (las vocales son azules y las consonantes rosas)

Una vez que el niño entiende que una palabra se compone de sonidos, podemos pasar al aprendizaje de las letras rugosas con una lección en tres pasos.

Escoge letras que vayan a tener una carga emocional para el niño: la primera letra de su nombre, o la última, la «m» de mamá, etc.

Por lo general, se intenta escoger una vocal y dos consonantes.

Presentación

1. Coge 3 letras, por ejemplo la «m», la «a»,la «s». Pronuncia siempre el sonido de la letra y no su nombre. La «m» se dice [mmm] y no [eme], haz lo mismo con la «s», es [sss] y no [ese].
2. Saca la tablilla con la «m». Sigue con el dedo índice y el corazón el contorno de la letra y di al mismo tiempo [mmm]. Invita al niño a que toque la letra y a repetir el sonido [mmm].
3. Haz lo mismo con la tablilla de la «a» y de la «s».
4. Coloca las tres tablillas una al lado de la otra y di: «Enséñame la [mmm], «Enséñame la [aaa], «Enséñame la [sss]».
5. Si el niño se equivoca, no digas nada, pídele que toque de nuevo la tablilla con la cual ha cometido un error, recorriendo con los dedos la letra y volviendo a pronunciar el sonido correcto.

6. Mezcla las tablillas y sigue variando las acciones, hasta que el niño domine el conjunto del ejercicio: «Dame la [aaa]», «Esconde la [mmm]», «Repasa con tu dedo la [sss]», etc.
7. Pon delante del niño una tablilla y pregúntale: «¿Qué es?» haz lo mismo con la segunda y luego con la última.
8. Concluye: «Hoy has aprendido a reconocer los sonidos [s], [m], y [a]».

YENDO MÁS ALLÁ...

La bandeja con arena y las letras rugosas: El niño debe poner la letra rugosa al lado suyo y reproducirla en una bandeja de arena tantas veces como lo desee.

Asociación objetos-letras

Encuentra objetos con la letra por la cual empieza la palabra

Edad: 3 años

Material

- 1 alfombra
- 1 pizarra con líneas
- 1 bandeja
- 1 caja con 6 objetos en miniatura cuyo nombre tenga como sonido inicial una letra conocida por el niño.
- La caja del gran alfabeto móvil* (o las letras rugosas)

Presentación

1. Invita al niño a que coloque la alfombra y, si fuera posible, la pizarra con líneas.
2. Enséñale al niño un primer objeto y pregúntale si sabe lo que es. Si lo desconoce, dile el nombre del objeto.
3. Pídele que traiga en su bandeja la letra correspondiente al primer sonido oído en el nombre de ese objeto. Tendrá que ir a buscarla en la caja del gran alfabeto.
4. Coloca el objeto sobre la alfombra en la parte superior, sobre la primera línea y la letra del sonido inicial de su nombre a su derecha.
5. Pídele al niño que escoja otra miniatura y que haga lo mismo.
6. Invítale a que prosiga solo con el ejercicio.
7. Al terminar, propón al niño que recoja todos los elementos.

---

*El alfabeto móvil es un material específico de la pedagogía Montessori, compuesto de elementos individuales representando las letras del alfabeto fabricado en general con madera. *(N. del T.)*

Encuentra objetos con la letra con la que termina la palabra

Material

- 1 alfombra
- 1 pizarra con líneas
- 1 bandeja
- 1 caja con 6 objetos en miniatura cuyo nombre tenga como sonido inicial una letra conocida por el niño.
- La caja del gran alfabeto móvil (o las letras rugosas)

Presentación

1. Invita al niño a colocar su alfombra de trabajo y a colocar la pizarra con líneas encima.
2. Enséñale al niño un primer objeto y pregúntale si sabe cómo se llama. Si lo desconoce, díselo.
3. Pídele que traiga en su bandeja la letra que corresponde al ultimo sonido oído en el nombre de ese objeto. Tendrá que ir a buscarla en la caja del gran alfabeto.
4. Pon el objeto en la parte superior de la alfombra, sobre la primera línea y coloca a su derecha la letra que corresponde al sonido final presente en el nombre del objeto.
5. Dile al niño que escoja otro objeto en miniatura y que haga lo mismo con él.
6. Invítale a que continúe solo.
7. Al terminar la actividad, proponle que recoja.

Actividad «Busca la letra por la que empieza la palabra» (p. 180).

La carpeta de las letras

Edad: 3 años

Material

- 1 carpeta con fundas de plástico
- Unos folios blancos
- Unas imágenes

Presentación

Reservaremos en la carpeta una funda para cada nueva letra aprendida por el niño. Las consonantes se escribirán en parte superior del folio en rosa, las vocales en azul.

Si el niño acaba de aprender la letra «a», apunta «a» en la parte superior del folio y ayúdale a buscar palabras que empiecen por esta misma letra. Puedes buscar imágenes por Internet, en revistas, etc. Recorta las imágenes escogidas con el niño y pégalas (o déjale que las pegue) en el folio.

La carpeta se irá completando a medida que el niño vaya aprendiendo y estará siempre a su alcance, para que pueda consultarla, con orgullo mientras repasa, solo, las letras y las imágenes.

Viendo las imágenes y la letra, se acordará con facilidad del sonido de cada una de las letras presentadas.

CULTURA

Capítulo 10
Preparación y presentación

Un sólido conocimiento por parte del niño, del mundo en el que se desenvuelve, es esencial para que se desarrolle la confianza en sí mismo y aumente su bienestar.

El niño pequeño muestra una sed constante de conocimientos y, para que esta no se apague, es fundamental, que los adultos respondan a ese afán por saber más.

Todas las actividades organizadas en historia, geografía y ciencias van a permitir al niño alcanzar esos objetivos e incrementar de manera considerable su vocabulario mientras atraviesa el periodo sensible del lenguaje.

Al estar en una edad donde todo pasa por sus sentidos y sus manos, el niño necesita sentir, tocar, ver, oír, e incluso a veces probar; por tanto, daremos prioridad al soporte de elementos concretos en las actividades si queremos que el niño aprenda desde muy pequeño.

Si queremos que el niño aprenda desde muy pequeño, hay que enseñarle de todo en la medida de lo posible. Al estar en una edad donde todo pasa por sus sentidos y sus manos, el niño necesita sentir, tocar, ver, oír, e incluso a veces probar; por tanto, daremos prioridad al soporte de elementos concretos dentro de las actividades.

Como consecuencia de ello, a la hora de querer realizar un número importante de actividades descritas más adelante, será importante hacer descubrir al niño las cosas llevándole primero al exterior, e incitarle a observar la naturaleza, los fenómenos naturales, los animales, etc. Durante esos paseos, dale tiempo al niño para que observe, toque, sienta, entienda etc,. para que se abarque de verdad del mundo en el que vive, que se encuentre cómodo en él y que entienda poco a poco el vínculo entre las cosas y la importancia de su papel en la conservación de ese frágil equilibrio.

Gracias a las numerosas actividades (¡existen centenares de ellas!) que podrá realizar, al niño le resultará más fácil encontrar su sitio en el mundo que lo rodea. Lo importante es mantener siempre los mismos principios:
- presentarle al principio, siempre que se pueda, los objetos y cosas reales en vez de representaciones.
- después, enséñale fotos, coméntalas con él, y al final, permitirle hacer un trabajo individual de manipulación.

> *Gracias a las numerosas actividades que podrá realizar, al niño le resultará más fácil encontrar su ubicación en el mundo que lo rodea.*

No debemos quedarnos siempre al lado del niño durante la actividad. De hecho, **una de las metas de la autocorrección es permitir al niño trabajar con autonomía para poder entender sus errores, descubrir la solución y cuál es la respuesta exacta.** Los padres, a menudo, tienden a querer asistir al niño mientras busca la respuesta correcta; pero esto no significa a largo plazo que le estemos ayudando. Un niño que se corrige por sí solo, desarrolla su razonamiento y su creatividad, dos elementos esenciales para su porvenir.

Las actividades presentadas en esta parte del libro se realizarán encima de una mesa o una alfombra. Es importante dejar al niño la libertad de escoger el sitio donde se encuentre más cómodo para trabajar.

Sin embargo, ya sea sobre una alfombra o una mesa, el material tiene que estar siempre colocado y presentado de manera correcta: las imágenes siempre de izquierda a derecha; la actividad presentada por el adulto en silencio y con calma; proponemos al niño proseguir con el ejercicio si notamos que le apetece pero sobre todo no se lo imponemos. Si el niño no hace bien la actividad, es que no está todavía preparado, o no le interesa, recogemos ofreciéndole otra cosa y diciéndole que se hará en otro momento.

Al acabar la actividad, el material siempre debe quedar recogido.

Una vez presentada la actividad y si el niño la escoge, tendrá que realizarla hasta el final, respetando las pautas y los pasos mostrados en la presentación. Este punto es esencial y forma parte de los límites que el adulto tiene que fijarle al niño para que crezca y se desarrolle sin estrés.

Además, conviene reservar un espacio en las baldas de la estantería para las actividades de «cultura» que tendremos ordenadas de manera temática: historia (engloba todas las nociones del tiempo), geografía y las ciencia. Hay que evitar poner demasiadas actividades que tendrán que estar en una bandeja o en una cesta y remplazadas con regularidad.

LA LECCIÓN EN TRES PASOS

En la mayoría de las actividades de cultura, el niño tiene que aprender vocabulario y por ello el adulto le presenta las actividades usando lo que llamamos una «lección en tres pasos».

Esta lección es el método que empleamos en nuestras aulas Montessori para enseñar todo el vocabulario, las letras, los números, los continentes... Es importante practicarlo para que la lección se convierta en algo fluido.

Primer paso

Se trata de presentar la noción que pretendemos enseñar con una palabra exacta y asociar la percepción sensorial a esa palabra.

El adulto debe pronunciar los sustantivos y/o los adjetivos necesarios sin añadir nada más. Debe pronunciar de manera muy clara, destacando y separando las palabras entre sí, de tal modo que los sonidos que componen la palabra sean percibidos con nitidez por el niño. Por ejemplo, al enseñar las diferentes partes de una flor, diremos: «Es el pétalo, el pétalo», luego «Es el tallo, el tallo», « Es el cáliz, el cáliz».

Como el objetivo de esta lección de nomenclatura debe consistir en provocar la asociación del nombre con el objeto o con la idea abstracta representada por el substantivo, el objeto y el nombre solo deben servir a impactar la consciencia del niño: por tanto, es fundamental no pronunciar ninguna otra palabra.

Segundo paso

Se trata de distinguir el objeto que corresponde a la palabra. El adulto debe siempre cerciorarse, verificando, de que la lección ha alcanzado su meta.

Como primera prueba de ello, tendremos que apreciar que la palabra queda asociada al objeto en la consciencia del niño. Para ello, tenemos que dejar pasar el tiempo suficiente entre el primero y el segundo paso de a lección, guardando silencio. Pasado ese momento, el adulto, hablando despacio y pronunciando con mucha claridad, le pregunta al niño sobre el sustantivo (o adjetivo) enseñado y solo este: «Enséñame el pétalo», «Enséñame la corola», y el niño señalará el objeto con el dedo. Con estas preguntas, el adulto se asegura de que la asociación ha sido retenida por el niño.

Este segundo paso es el más importante. De las tres fases del proceso, la segunda es la que contiene la verdadera lección, la ayuda para la memoria y la asociación. Cuando el adulto ha notado que el niño ha entendido y que está interesado, debe repetir varias veces la pregunta, pero cambiándola: «Enséñame el pétalo», «Toca la corola», etc.

Al repetir su pregunta, el adulto insiste sobre esa palabra que quedará grabada al final de la lección. El niño, al contestar señalando el objeto en cada repetición, reproduce la asociación mientras está se fija en su cerebro. Sin embargo, si el adulto advierte que el niño no está dispuesto a prestar atención a la actividad, si se confunde sin esforzarse en dar la respuesta correcta, en vez de corregirle y de insistir, debe suspender la lección para volver a empezar en otro momento u otro día.

Tercer paso

Se trata que el niño se acuerde de la palabra correspondiente al objeto. En esta tercera fase de la lección se efectúa una rápida verificación de las lecciones realizadas con anterioridad. El adulto pregunta al niño (aislando cada parte del material, es decir, enseñando un objeto a la vez): «¿Qué es?», « ¿Cuál es esta letra?», etc. Si el vocabulario ha sido memorizado como es debido, el niño contestará las palabras esperadas: «Es un pétalo», «Es Europa», «Es la pata anterior», etc.

Para concluir la lección, es importante terminar por: «Hoy hemos aprendido "el pétalo", y el adulto toca el pétalo "y la corola" y toca la corola».

Si el niño ha contestado de manera adecuada, terminamos volviendo a colocar las tres cartas o los tres objetos delante del niño y di: «Hoy has aprendido lo que es "el pétalo", "la corola", y "el cáliz"» y a medida que vayas diciendo las palabras señálale una tras otra sus representaciones.

Antes de enseñar otras tres nociones (otro día), verificamos que el niño se acuerda de las tres anteriores. Si solo se acuerda de dos, retomamos la que no ha sido memorizada y le añadimos otras dos.

> **UN PEQUEÑO TRUCO**
>
> En general, presentamos los objetos, las tarjetas, las cifras o los colores, etc., de tres en tres. Cuando se trate de un niño muy pequeño o un niño que tiene algunas dificultades (dislexia, discalculia, u otras dificultades de aprendizaje por cualquier motivo), podemos, sin embargo, hacer presentaciones con dos objetos.

Capítulo 11
Las actividades

El friso cronológico del niño

Edad: 2 años

Material

- 1 cinta ancha de papel
- Fotos de los acontecimientos importantes en la vida del bebé.

Presentación

1. Pon la cinta de papel en posición horizontal y pega, respetando el orden cronológico, las fotos de los acontecimientos notables de la vida del niño, apuntando qué edad tenía cuando ocurrieron y un pequeño texto explicativo (por ejemplo: los cumpleaños, sus primeros pasos, cuando aprendió a montar en bicicleta, la llegada de un nuevo miembro de la familia, su primer día de colegio, etc.).
2. Cuéntale su vida en ese orden, con entusiasmo y alegría, insistiendo sobre el hecho de que es un ser único y maravilloso.

La excursión del cumpleaños

Edad: 2 años

Material

- 1 vela
- 1 globo terráqueo
- 12 etiquetas en las cuales están escritas los 12 meses del año colocadas en círculo alrededor de la vela, y/o una alfombra circular con las cuatro estaciones representadas sobre la cual colocaremos la vela

Presentación

1. Ve a buscar el friso cronológico del niño.
2. Invita al niño a sentarse en una silla y explícale que se trata de un día muy especial, ya que es su cumpleaños.
3. Dile al niño que coja el globo terráqueo con sus manos y enciende la vela.
4. Explícale que la vela simboliza el Sol y que en nuestro sistema solar todos los planetas giran alrededor de él. El nuestro, la Tierra, que se encuentra entre las manos del niño, necesita un año, o sea, 12 meses, para dar la vuelta alrededor del Sol.
5. Empieza a contar «la historia del niño» enseñándole la foto de su nacimiento y dile: «El (di su fecha de nacimiento), un niño maravilloso nació».
6. Si hay otras fotos que ilustren acontecimientos importantes ocurridos durante del primer año de vida del niño, cuéntalos también.
7. Invita al niño a caminar alrededor del Sol simbolizado por la vela, con el globo en sus manos.
8. Cuando haya dado una vuelta completa, da una palmada y explica que ha pasado un año.

9. Cuenta los acontecimientos e hitos del segundo año y así hasta llegar al día presente.
10. En ese momento puedes presentar la tarta de cumpleaños, cantar el *Cumpleaños feliz* e ¡invitarle a soplar las velas!
11. En edades más avanzadas, el niño cuyo cumpleaños se celebra, puede escoger a un amigo o a uno de sus hermanos para hacerse cargo de la Luna, llevándola en las manos. El amigo tendrá que girar alrededor del niño una vez por cada mes que nombres mientras este camina alrededor de la vela.

El área de arte y manualidades

Edad: 2 años

Prevé un área reservada a la creatividad, para permitir al niño dibujar o hacer manualidades; puedes organizarla incluyendo un caballete, una pizarra con un lado negro y el otro blanco, una mesa protegida con un hule y una silla para completar el mobiliario de dicho espacio.

El material que se usará en esta área se dejará al alcance del niño sobre unas baldas, guardado en unas cajas: rotuladores, rotuladores con tinta lavable, tizas, pasteles, papel, pequeños retales de tela y elementos caseros y cotidianos para hacer collages. No pongas todo el material a su alcance a la vez.

Piensa también donde puedes ubicar un punto donde el niño pueda encontrar folios blancos y de colores.

Con el caballete, pon dos pinzas para tender la ropa, para que el niño sea autónomo y pueda instalar solo su hoja y pintarla.

Reserva un espacio en la habitación del niño donde pueda exponer sus obras.

Agua, aire y tierra

Edad: 2 años y medio

Material

- 3 pequeños frascos (uno relleno de agua, el segundo relleno de tierra y el tercero vacío)
- 4 miniaturas de vehículos que se desplazan por el agua, 4 por la tierra, y 4 por el aire

Presentación

1. Pregúntale al niño si sabe lo que contiene cada frasco. Si lo ignora, explícaselo y si es necesario haz una lección en tres pasos.
2. Pídele al niño que clasifique los vehículos creando una columna para cada categoría.
3. Enséñale la ficha auto correctiva.

YENDO MÁS ALLÁ...

Haz lo mismo y realiza la actividad con animales que viven en el agua, sobre la tierra o en el cielo.

Vivo/no vivo

Edad: 3 años

Los seres humanos, los animales, las plantas son seres vivos. Todos los seres vivos atraviesan las mismas cuatro grandes etapas de la vida:
- nacen (el nacimiento);
- se desarrollan (el crecimiento);
- se reproducen (la reproducción);
- mueren (la muerte).

Y cuatro características unen a todos los seres vivos:
- desarrollarse (nacer, crecer, morir);
- alimentarse;
- respirar;
- reproducirse.

Las plantas son también seres vivo, ya que respiran y se reproducen a través de las semillas.

Existen tres grandes categorías de seres vivos:
- los seres humanos;
- los vegetales;
- los animales.

Preguntas que se pueden hacer a los niños:
- ¿Come?
- ¿Bebe?
- ¿Crece?
- ¿Se reproduce?
- ¿Se muere?

Si se puede contestar «sí» a todas las preguntas, se trata de algo vivo. Si la respuesta a una de las preguntas es «no», entonces se trata de algo no vivo.

Material

- Fotos de cosas vivas y no vivas pegadas sobre cartulinas blancas (de 14x14cm) las imágenes pueden representar un tulipán, un osito de peluche, una niña, un piano, un perro, un coche, etc. (hay que poner el mismo número de imágenes en cada serie)
- 2 tarjetas con una pequeña foto que simbolice lo «vivo» y lo «no vivo»; en una tarjeta se escribe «vivo» y en la otra «no vivo», con el símbolo al lado, el cual figurará también al reverso de las otras fotos a modo de control de error
- 1 alfombra

Presentación

1. Coloca en la parte superior de la alfombra o de la mesa las etiquetas «vivo» y «no vivo».
2. Explícale al niño que un ser vivo es un ser que se alimenta, crece, se reproduce y muere.
3. Enseña al niño las etiquetas de «vivo» y «no vivo».
4. Luego coge otra cartulina con la foto y haz que reflexione preguntándose: «¿Es que crece?», «¿Es que se reproduce?», etc.
5. Según las respuestas, pregúntale si « esa cosa está viva o no viva», y en función de la respuesta, coloca la cartulina con la foto debajo de la etiqueta correcta.
6. Prosigue del mismo modo con el resto de la cartulinas.
7. Dad la vuelta a las tarjetas para auto corregirse.

Flota/Se hunde

Edad: 3 años

Material

- 1 bandeja
- 1 pequeña ensaladera
- 1 jarra transparente
- 1 esponja
- 1 pequeña paño
- 1 cubo

- 1 cesta con un taco para paredes, 1 goma de borrar, 1 vela, 1 pequeño jarrón, 1 tornillo, 1 gancho de madera, 1 llave, 1 pinza para tender la ropa, 1 moneda, 1 cachito de masilla adhesiva reutilizable tipo «*blu-tack*»

Présentation

1. Ve a buscar el material de la estantería con el niño, y llévalo a la mesa.
2. Invita el niño a que rellene con agua la jarra.
3. Coloca la jarra y la ensaladera encima de la mesa.
4. Dile al niño que llene la ensaladera con el agua de la jarra.
5. Coge la cesta, saca todos los objetos nombrándolos y ponlos sobre la mesa, colócalos uno al lado del otro.
6. Di: «Vamos a ver los objetos que se hunden y los que flotan».
7. Pon la vela en la ensaladera llena de agua y observa: flota.
8. Invita al niño a que meta la goma en el recipiente y que observe: se hunde.
9. Haz lo mismo con cada objeto.
10. Saca todos los objetos del agua y invita al niño a que separe de un lado los que se hunden y de otro los que flotan (secadlos con la esponja).
11. Di: «Aquí tenemos los objetos que se hunden y aquí los objetos que flotan».
12. Recoged los objetos en la cesta después de haberlos secado y haber vertido el agua en el cubo.

La dirección del norte

Edad: 3 años

Material

- 1 bandeja
- 1 plato transparente
- 1 jarra transparente
- 1 brújula
- 1 cuenco con un trozo de papel con una aguja pinchada en él (hay que frotar previamente la punta de la aguja con un imán)
- 1 esponja
- 1 una pequeña servilleta
- 1 cubo

Présentation

1. Ve a buscar el material en la estantería en compañía del niño, y llévalo a la mesa.
2. Invita al niño a que rellene la jarra con agua.
3. Pon encima de la mesa la jarra y el plato.
4. Dile al niño que vierta toda el agua en el plato.
5. Coge la brújula y pregúntale al niño si sabe lo que es.
6. Di: «Es una brújula, ves la aguja indica el norte».
7. Coge el trozo de papel con la aguja y ponlo sobre el agua.
8. Observa.
9. La aguja se desplaza y se oriente hacia el norte.
10. Di: «Ves, la aguja se oriente en la misma dirección que la brújula».
11. Ofrécele al niño que repita el experimento.
12. Una vez el experimento terminado, vierte el agua en el cubo y seca la mesa con la esponja.
13. Volved a poner en su sitio el material sobre la estantería.

El ciclo del agua

Edad: 3 años

Material

- 1 tarro bastante grande que se pueda cerrar de manera hermética.
- gravilla y tierra que colocaremos en el fondo del tarro
- 1 planta de tamaño reducido
- 1 pequeño cuenco con agua

Presentación

1. Invita al niño a que instale contigo la gravilla en el fondo del tarro y por encima la tierra. Planta con mucha delicadeza la planta.
2. Pon agua en el cuenco y ponlo a lado de la planta.
3. Procura cerrar bien el tarro con su tapa hermética.
4. Expón el tarro al sol.
5. Indícale al niño que observe con regularidad lo que ocurre: el agua del cuenco se evapora gracias a la acción del sol, y se ven gotas de agua en la parte interior de la tapa. Estas pequeñas gotas caen sobre la planta permitiendo su riego; por tanto, mantenerse viva e incluso crecer. Es el ciclo del agua.

Formas de tierra y de agua

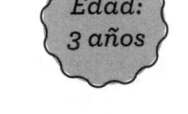
Edad: 3 años

Material

- Maquetas fabricadas de formas de tierra y agua: isla/lago; golfo/península; cabo/bahía; istmo/estrecho
- 1 pequeña jarra con agua (coloreada de azul con un colorante alimentario si se quiere)
- 1 pequeño barco
- 1 pequeña esponja
- 1 cubo

Presentación

1. Invita al niño a que lleve a la mesa un par de formas contrastadas y proponle que vierta agua en cada una de las maquetas.
2. Haz una lección en tres pasos para aprender el nombre de las formas.
3. Propón al niño que haga navegar el pequeño barco en el agua en las diferentes maquetas.
4. Habla con el niño de esas formas y enséñale unas cuantas en un mapa o en un atlas.
5. Vacía el agua en el cubo.
6. Dile al niño que estudiaréis otras formas otra vez si lo desea.

Imán

1er experimento

Material

- 1 bandeja
- 1 imán
- 1 caja que contenga 1 dedal, 1 pinza para tender la ropa, 1 llave, pequeñas monedas, 1 gancho de madera, 1 clavo, 1 clip, 1 tapón de corcho

Presentación

1. Ve en compañía del niño a buscar el material sobre la estantería y déjalo sobre la mesa.
2. Saca todo el material nombrando cada elemento.
3. Saca el imán y nómbralo.
4. Coloca los objetos uno al lado del otro.
5. Di: «Vamos a observar si los objetos son atraídos por el imán».
6. Coge el imán y acércalo a cada objeto.
7. Ahora ofrécele al niño hacer lo mismo.
8. Invita al niño a separar los objetos atraídos por el imán a un lado y los que no lo son a otro.
9. Devolved el material recogido a su balda.

2ᵈᵒ experimento

Material

- 1 bandeja
- 1 cuenco con un imán
- 2 cuencos idénticos, uno con arena blanca fina, otro con limaduras de hierro

Presentación

1. Ve en compañía del niño a buscar el material sobre la estantería y déjalo sobre la mesa.
2. Saca los dos cuencos, ponlos encima de la mesa e indica lo que contienen.
3. Vierte la limadura de hierro en el cuenco con arena.
4. Coge el imán y colócalo encima del cuenco.
5. Observad.
6. La limadura es atraída por el imán.
7. Deposítala en el cuenco vacío con la ayuda de los dedos.
8. Haz esta operación hasta que no quede limadura de hierro en la arena.
9. Invita al niño a que repita el experimento.
10. Devolved el material a la estantería.

La mesa de la naturaleza

Edad: 3 años

Material

- 1 pequeña mesa, encima de la cual se han colocado elementos procedentes de la naturaleza que habrás escogido en función de la estación, o bien que el niño habrá recogido durante paseos: flores, hojas, conchas, piñas, cortezas de árboles, un nido abandonado, plumas, bellotas, avellanas, la lana de una oveja, etc., pero también tarjetas con los ciclos de vida de varios animales o plantas, que iremos cambiando en función de la época del año.
- 1 lupa
- 1 silla
- Etiquetas en las cuales se escribirá el nombre de todo lo que se encuentra encima de la mesa aunque el niño no sepa leer; el etiquetado será una manera de que entienda que todo tiene un nombre específico

> **UN PEQUEÑO TRUCO**
>
> Cuidado: solo pon en la mesa elementos que coincidan con la estación y lo que se pueda encontrar en la naturaleza en ese momento. Cámbialos con regularidad. A través de esos elementos, el niño se dará cuenta de lo que ocurre a medida que pasan las estaciones: las avellanas y las bellotas en otoño, el acebo y otras bayas en invierno, junquillos en primavera, trigo en verano, etc.

Presentación

1. Invita al niño a que venga a observar algunos objetos de la mesa y dale una información muy sencilla sobre cada uno. Enséñale cómo manipular con cuidado todo lo expuesto.
2. Muéstrale cómo se observan los detalles con la lupa.
3. Haz una lección en tres pasos con el vocabulario.
4. Pon una etiqueta delante de cada objeto.
5. Cambia el material de la actividad con mucha frecuencia.

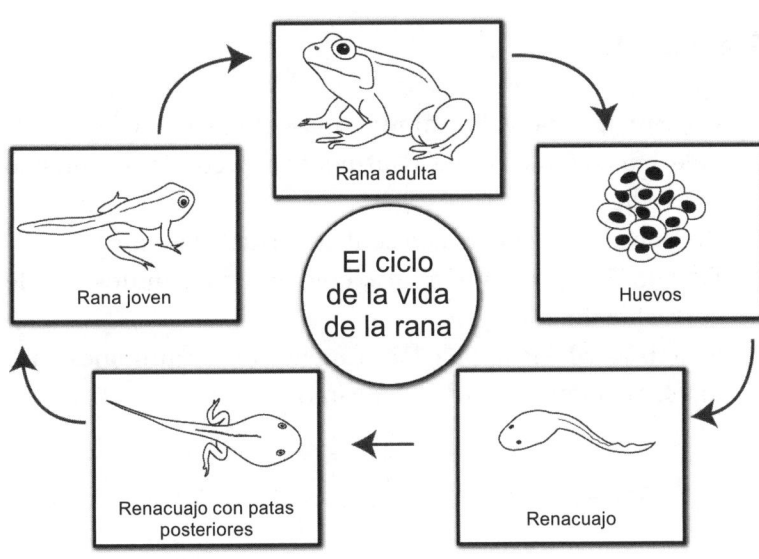

El ciclo de vida de la rana

Colección de animales

Material

- 1 cesta con varios animales de diversos rincones del mundo (la cesta tiene que contener animales típicos de cada continente y hay que tener cuidado con la escala)
- 1 planisferio luciendo los colores correctos de cada continente* (ver la página 220) y si cabe la posibilidad que sea un puzle
- Etiquetas con el nombre de los animales (con un ribete del color del continente al que pertenecen)

Presentación

1. Coge un animal y dale al niño unas explicaciones contándole, por ejemplo, de qué continente procede. Haz lo mismo con todos.
2. Propón al niño coger cada continente del planisferio.
3. Debajo de cada continente, coloca los animales que le correspondan.
4. Si el niño sabe leer, dale las etiquetas de los animales para que las coloque debajo de cada uno.

---

*El método Montessori otorga en su material pedagógico un color preciso a cada continente. (*N. del T.*)

Los animales y sus huellas

Edad: 3 años

Material

- Prepara 12 fotografías: 6 con los animales retratados de cuerpo entero, 6 con la imagen de sus huellas (no te olvides de la autocorrección, haciendo una fotografía del ejercicio terminado de manera correcta, o bien poniendo pegatinas de colores idénticos en cada foto emparejada)
- 1 alfombra o tapete

Presentación

1. Coloca todas las fotos sobre la mesa (o la alfombra), formando una línea horizontal de izquierda a derecha.
2. A un lado, pon las fotos de los animales, y del otro, las fotos de las huellas.
3. Coge una foto de un animal.
4. Ponla en la parte superior de la mesa o de la alfombra.
5. Coge la foto de la huella que corresponda a ese animal y colócala a su derecha.
6. Coge la foto de otro animal, ponla debajo de la anterior, coge la imagen de sus huellas y colócala a su derecha debajo de la primera foto con huellas.
7. Propón al niño que siga con la actividad.
8. Una vez terminada la corrección, dar la vuelta a las imágenes para proceder a la autocorrección.

Los animales y sus ojos

Material

- Prepara 12 fotografías: 6 con los animales retratados de cuerpo entero, 6 con sus ojos (no te olvides de la autocorrección, haciendo una fotografía del ejercicio terminado de manera correcta o bien poniendo pegatinas de colores idénticos en cada foto emparejada)
- 1 alfombra o tapete

Presentación

1. Coloca todas las fotos sobre la mesa (o la alfombra) formando una línea horizontal de izquierda a derecha.
2. A un lado, pon las fotos de los animales y del otro, las fotos de los ojos.
3. Coge la foto de un animal.
4. Ponla en la parte superior de la mesa o de la alfombra.
5. Coge la foto de los ojos que le correspondan y colócala a su derecha.
6. Coge la foto de otro animal, ponla debajo de la anterior, coge la imagen de sus ojos y colócala a su derecha, debajo de la primera foto con ojos.
7. Propón al niño que continúe con la actividad.
8. Una vez terminada la corrección, dar la vuelta a las imágenes para proceder a la autocorrección.

Los animales y su pelaje

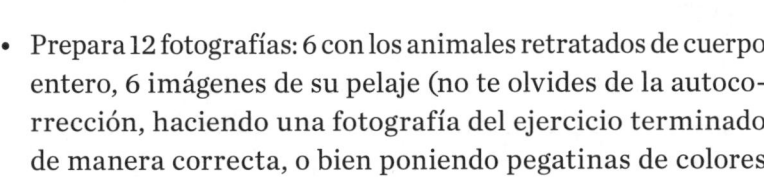

Material

- Prepara 12 fotografías: 6 con los animales retratados de cuerpo entero, 6 imágenes de su pelaje (no te olvides de la autocorrección, haciendo una fotografía del ejercicio terminado de manera correcta, o bien poniendo pegatinas de colores idénticos en cada foto emparejada)
- 1 alfombra o tapete

Presentación

1. Coloca todas las fotos sobre la mesa (o la alfombra) formando una línea horizontal de izquierda a derecha.
2. Clasifica a un lado, las fotos de los animales y del otro, las fotos de su pelaje.
3. Coge la foto de un animal.
4. Ponla en la parte superior de la mesa o de la alfombra.
5. Coge la foto del pelaje que le corresponda y colócala a su derecha.
6. Coge la foto de otro animal, ponla debajo de la anterior, coge la imagen de su pelaje y colócala a su derecha debajo de la imagen del pelaje anterior.
7. Propón al niño que siga con la actividad.
8. Una vez terminada la actividad, dar la vuelta a las imágenes para proceder a la autocorrección.

La línea del tiempo con la semana del niño

Edad: 3 años

Material

- 1 friso con los 7 días de la semana, con una ilustración de lo que hace el niño en concreto ese día (escribe el nombre de los días en la parte superior de cada imagen)
- 1 serie de imágenes idénticas a las del friso pero individuales

Presentación

1. Invita al niño a instalarse sobre una alfombra y a desplegar el friso de los días de la semana.
2. Haz una lección en tres pasos sobre los días de la semana, enseñando con claridad cada día en el friso ilustrado.
3. Proponle al niño que coloque las imágenes individuales debajo de cada foto del friso para que se acuerde bien del orden de los días.
4. Invítale a que ponga boca abajo el friso.
5. Pídele que vuelva a poner los días en el orden correcto.
6. Verificad con el friso.

La línea del tiempo del día del niño

Edad: 3 años

Material

- 1 friso con las imágenes relativas a los acontecimientos de un día típico del niño: al levantarse, el desayuno, ir al colegio, almorzar en el colegio, estar en el colegio, volver a casa, jugar, cenar, cepillarse los dientes, acostarse (en cada imagen veremos un único acontecimiento y en medio de su parte superior, un reloj indicando la hora de la actividad)
- 1 juego con las mismas imágenes del friso pero individuales
- 1 alfombra

Presentación

1. Invita al niño a que se instale sobre una alfombra y a desplegar el friso.
2. Charla con él sobre lo que ve en las imágenes.
3. Enséñale los relojes, insistiendo en ellos.
4. Invítale a que comente lo que ocurre en las fotos.
5. Propón al niño que empareje las imágenes individuales con las del friso poniéndolas debajo.
6. Más tarde, invítalo a que dé la vuelta al friso poniéndolo boca abajo de manera que no vea su contenido, y a continuación que coloque en el orden correcto las fotos de los acontecimientos de la jornada.
7. Proponle que dé la vuelta al friso para proceder al control de error.

El calendario del tiempo meteorológico

Edad: 3 años

Material

- 1 calendario con las fechas indicadas
- Confeccionar unas tarjetas con los símbolos meteorológicos, tal y como se ven en los periódicos: nube, lluvia, sol, niebla, viento, etc.

Presentación

1. Coge las tarjetas con los símbolos meteorológicos, preséntaselos al niño explicando lo que son.
2. Haz una lección en tres pasos para enseñar el vocabulario.
3. Coge el calendario.
4. Cada día, pídele al niño que coloque un símbolo en función del tiempo que observa en el exterior.
5. Cuando el niño es un poco más grande, puedes pedirle también que escriba la temperatura que habrá relevado tras consultar el termómetro.
6. Podrá también anotar el tipo de nubes y la dirección del viento.

Las estaciones

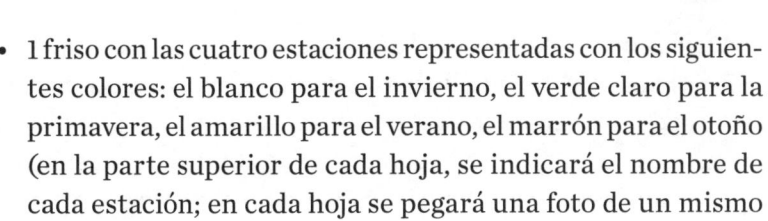

Material

- 1 friso con las cuatro estaciones representadas con los siguientes colores: el blanco para el invierno, el verde claro para la primavera, el amarillo para el verano, el marrón para el otoño (en la parte superior de cada hoja, se indicará el nombre de cada estación; en cada hoja se pegará una foto de un mismo entorno natural durante las cuatro estaciones por ejemplo, un árbol o un paisaje que el niño conozca bien)
- 4 fotos individuales de gran tamaño en las cuales el niño podrá ver las mismas imágenes que en el friso
- 1 alfombra

Presentación

1. Propón al niño instalarse sobre la alfombra con el friso de las estaciones.
2. Comenta con él el friso y sus imágenes.
3. Haz una lección en tres pasos para enseñarle los nombres de las estaciones.
4. Invita al niño a que ponga las fotos individuales debajo de las correspondientes imágenes del friso.
5. Pon boca abajo el friso y propón al niño que vuelva a colocar la fotos individuales.
6. Para terminar, dile que dé la vuelta al friso para efectuar el control de error.

El friso con los 12 meses del año

Edad: 3 años

Material

- 1 friso con los 12 meses del año, en el cual un acontecimiento particular y señalado ilustra cada mes (en la parte superior de cada imagen de los 12 meses hay que indicar el nombre del mes; lo ideal sería hacer este friso con los colores de las estaciones: invierno/blanco, primavera/verde claro, verano/amarillo, otoño/marrón; para los meses en los cuales hay un cambio estacional, hay que poner 2 trozos de hojas de colores representando las dos estacione, por ejemplo en marzo, una mitad será blanca y la otra verde clara)
- 12 imágenes individuales grandes idénticas a las del friso
- 1 alfombra

Presentación

1. Invita al niño a sentarse sobre la alfombra y a que despliegue el friso.
2. Haz una lección en tres pasos para enseñarle el nombre de los meses.
3. Comenta el friso con el niño.
4. Propón al niño que empareje las imágenes individuales con el friso.
5. Dile que coloque bocabajo el friso y que vuelva a empezar.
6. Proponle realizar el control de error dando la vuelta al friso.

Acontecimiento del presente y del pasado

Edad: 3 años

Material

- En un folio dividido por la mitad en sentido vertical por una línea, escribiremos en la parte superior de la mitad derecha «presente» y en la parte superior de la mitad izquierda «pasado»
- Buscaremos con el niño fotos de acontecimientos que hayan dejado una huella en él: una fiesta de familia, una visita, una comida en un restaurante, etc.

Presentación

1. Coge el folio y las fotos.
2. Pídele al niño que comente los acontecimientos y que los ponga en la parte «presente» mientras los está contando.
3. Unos días más tarde, coge de nuevo las imágenes y dile al niño que el acontecimiento ocurrió hace varios días; por tanto, hay que pasarlos a la mitad del «pasado».

Las banderas de los países

Edad: 3 años

Material

- Tarjetas de nomenclatura: hacemos dos conjuntos de tarjetas con las banderas nacionales de los países organizados por continentes (tenemos que ribetear la tarjeta con el color que corresponda al continente); 1 conjunto de tarjetas con el nombre del país; 1 conjunto de tarjetas sin nombre, y las etiquetas con el nombre de la nación
- Banderas que se puedan colorear

Presentación

Esta actividad es un ejercicio de asociación visual entre tarjetas de nomenclatura (ver el parágrafo sobre tarjetas de nomenclatura).

1. Recuérdale al niño como se usan las tarjetas de nomenclatura.
2. Haz una lección en tres pasos para el aprendizaje de las banderas y cuenta una corta historia sobre cada país.
3. Ofrece al niño trabajar con las otras tarjetas de las banderas.
4. Si el niño sabe leer, proponle colocar las etiquetas con los nombres de los países.
5. Propón al niño colorear algunas banderas en las fichas previstas para ello.

Aire y agua, experimento 1

Edad: 4 años

Material

- 1 bandeja
- 1 plato transparente redondo
- 1 jarra transparente
- 1 vaso
- 1 cuenco con un pequeño barco hecho con una cáscara de nuez
- 1 pajita
- 1 esponja
- 1 pequeña toalla
- 1 cubo

Presentación

1. Vete a buscar el material en su balda en compañía del niño y colócalo sobre la mesa.
2. Dile al niño que rellene la jarra de agua.
3. Coloca la jarra, el plato y la esponja sobre la mesa.
4. Invita al niño a que vierta el agua en el plato.

1ª etapa

1. Coge el vaso, y dale la vuelta sobre la mesa.
2. Pon el vaso, puesto del revés, en el plato
3. Observad que unas burbujas se forman.
4. Invita al niño a que haga lo mismo.

2ª etapa

1. Coloca encima de la mesa el barco, la pajita y la esponja.
2. Pon el barco en el agua y luego sopla sobre él con la pajita para que avance.
3. Invita al niño a que haga lo mismo.

3ª etapa

1. Encima de la mesa, pon la esponja y la pajita.
2. Coge la pajita, mete un extremo en el agua y sopla, sin salpicar, fuera del plato, para producir burbujas.
3. Invita al niño a que haga lo mismo.
4. Una vez terminado el experimento, vierte el agua en el cubo y seca la mesa con la esponja.
5. Recoged el material en su estantería.

Las partes de una bandera

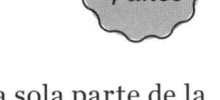
Edad: 4 años

Material

- Tarjetas de nomenclatura aludiendo a una sola parte de la bandera con el nombre debajo
- Tarjetas de nomenclatura sin el nombre
- Las etiquetas con los nombres

Presentación

1. Es un trabajo con las tarjetas de nomenclatura; por tanto, tienes que recordarle al niño cómo trabajar con ellas.
2. Haz una lección en tres pasos para enseñar las diferentes partes de la bandera.
3. Si el niño sabe leer, dale las etiquetas con los nombres.

Los continentes

Material

- Prepara un puzle en el cual cada color representa un continente: América del Norte (naranja), América del Sur (rosa), Antártico (blanco), Europa (rojo), África (verde), Asia (amarillo), Oceanía (marrón) y los océanos (azul)
- 1 globo terráqueo

Presentación

1. Vas a enseñar al niño cómo transformar una esfera en una forma plana.
2. Preséntale el globo terráqueo con los continentes.
3. Muéstrale la similitud entre el globo y el planisferio.
4. Invita al niño a retirar cada elemento del puzle, verificando que lo hace cogiéndolas por sus piezas de agarre usando la «pinza».
5. Invítale a recolocarlas.
6. Realiza una lección en tres pasos para enseñarle el nombre de los continentes.
7. Haz otra lección en tres pasos para los nombres de los océanos.
8. Enséñale al niño como dibujar el contorno de cada continente sobre una folio grande para que pueda hacer su propio planisferio.
9. Ofrécele al niño colorear cada continente con el color correcto.

Imagénes de niños y de continentes

Edad: 4 años

Material

- 1 colección de fotos de niños, en diferentes situaciones, solos, en grupo, con sus padres, pegadas sobre folios del color del continente al que pertenecen (con un mismo número de fotos por continente)

Presentación

1. Propón al niño que escoja un continente y seleccione en la colección las imágenes de niños que le corresponda.
2. Comenta con él las diferentes características de los niños y padres fotografiados.
3. Invita al niño a que mire otra colección de imágenes de otro continente.

Explorar el reino vegetal

Material

- Diferentes tipos de frutas, legumbres y hortalizas con sabores variados (dulce, ácido, etc.); que consumimos bajo diferentes formas, tallos, raíces, hojas, flores, semillas, especies, etc.
- Unas etiquetas con formato de tarjetas con el nombre de las hortalizas, legumbres y frutas.

Presentación

1. Invita al niño a observar con el conjunto de sus sentidos las diferentes legumbres y frutas; insístele sobre los colores, los sabores, los olores, etc.
2. Trae, por ejemplo, un mango, córtalo y enséñale las semillas, el color, hazle probar su sabor, etc.
3. Pon las semillas correspondientes a sus diferentes frutas y legumbres.
4. Empareja las etiquetas con los nombres a sus hortalizas o frutas.

Medir el tiempo

Edad: 4 años

Material

- Imágenes representando actividades que se puedan medir con un reloj de arena, un cronómetro, un reloj
- Unas etiquetas con la imagen de un reloj de arena, un cronómetro, un reloj

Pensar en poner unas pegatinas de colores detrás de las etiquetas para la autocorrección.

Presentación

1. Pregúntale al niño si sabe cuáles son los objetos en las imágenes y si puede describir las secuencias representadas en ellas. Ayúdale si no lo consigue.
2. Explícale que se usan diferentes herramientas en función de lo que dure una acción.
3. Pídele que indique que instrumento usaríamos para cada acción colocando las etiquetas en el sitio correcto.
4. El niño puede darle la vuelta a las etiquetas para corregirse.

Aire y agua, experimento 2

Edad: 4 años

Material

- 1 bandeja
- 1 pequeña jarra transparente
- 1 vaso para chupitos
- 1 cuenco con pequeñas monedas
- Unos círculos de papel o de cartulina
- 1 esponja
- 1 toalla pequeña
- 1 cubo

Presentación

1. Coge el material de la estantería con el niño y llevadlo a la mesa.
2. Invítalo o a que rellene la jarra de agua.

1er etapa

1. Quédate de pie para la presentación y pon el cubo encima de la mesa.
2. Con la jarra, llena el vaso de agua hasta arriba.
3. Coloca encima del vaso lleno un círculo de papel y con la otra mano cógelo y dale la vuelta sujetándolo encima del cubo
4. Quita la mano.
5. El papel se habrá quedado pegado al vaso.
6. Invita al niño a que realice el experimento.

2ª etapa

1. Llenad la jarra de agua, y sentaos.
2. Pon la jarra, el vaso y las monedas encima de la mesa.
3. Coge la jarra y llena el vaso de agua hasta arriba.
4. Echa una moneda en el vaso lleno.
5. Observad.
6. Invita al niño a que eche otra.
7. Observad.
8. Poned otra moneda.
9. Observad.
10. La superficie del agua está bombeada.
11. Di: «El agua está bombeada, su forma es convexa».
12. Seguid hasta que el agua desborde.
13. Vierte el contenido del vaso en el cubo, saca las monedas y sécalas con la esponja.
14. Devuelve el material a su estantería.

La importancia del sol

Edad: 4 años

Esta enseñanza es primordial, porque tiene como objetivo sensibilizar a los niños muy pequeños sobre el hecho de que todo en el planeta Tierra está ligado.

La vida no podrá seguir su desarrollo correcto al menos que los hombres tengan especial cuidado al conjunto del planeta. Cada elemento que permite que la vida sea posible forma parte de un todo que se equilibra. Si un elemento de esta cadena desaparece, todo puede desaparecer. Por lo tanto, tenemos que enseñar al niño que todo está conectado.

Con esta actividad, el niño tiene que entender que la vida en la Tierra depende del Sol y ser consciente de su gran importancia. El Sol es la principal fuente de energía en la Tierra.

Las plantas crecen gracias a la fotosíntesis (proceso que explicaremos antes o después), posible gracias a la luz del Sol. Las plantas permiten a los herbívoros alimentarse y estos mismos son el sustento de los carnívoros.

A partir de ese momento queda claro para el niño que todo está relacionado; si un elemento desaparece, todo puede desaparecer.

En la medida de lo posible es importante realizar un sol muy grande para que el niño se dé cuenta de su tamaño en comparación a nuestro planeta.

Esta actividad forma parte de las actividades de la cadena alimentaria.

Presentación

1. Coloca el sol en el suelo y haz que los niños se sienten en círculo a su alrededor, (dejando sitio para poder dejar tarjetas u objetos).
2. Cuenta lo siguiente como si fuera una historia (un poco mágica).

«El Sol es una enorme estrella situada muy lejos de nuestro planeta la Tierra (*si se puede, enseña algún material con el Sol y los planetas a su alrededor*).

Nos da la impresión de que el Sol se mueve durante el día, pero ese movimiento es una ilusión. En realidad se explica por la rotación de la Tierra sobre sí misma (*enséñale a los niños el globo girando sobre sí mismo*). Las nubes también pasan de vez cuando delante de él.

Todo lo que vive sobre la superficie de nuestra Tierra necesita de la energía del Sol. Los vegetales fabrican su alimento a partir de la luz del Sol, lo que les permite vivir y crecer (la fotosíntesis). *(En ese momento colocamos imágenes con plantas alrededor del sol).*

Algunos seres vivos se alimentan de esos vegetales para crecer y vivir. Los llamamos «los herbívoros» *(ahora pon los herbívoros alrededor del sol, por debajo de las imágenes de los vegetales).* Sin estos animales que se comen los vegetales habría demasiados vegetales en la Tierra.

Estos animales son el alimento de otros animales que llamamos los «carnívoros» (*pon en ese momento las imágenes de los carnívoros alrededor del sol, por debajo de los herbívoros*). Si los carnívoros no existieran para comerse los herbívoros, habría demasiados herbívoros.

Por otra parte, algunos animales se alimentan a la vez de otros animales y de vegetales, los llamamos los «animales omnívoros» (*coloca las imágenes de omnívoros alrededor del sol*).

Para terminar, nosotros, los hombres, nos alimentamos, podemos crecer y vivir porque comemos vegetales y animales. Somos omnívoros. Algunas personas no comen carne, son vegetarianos».

OTRAS POSIBILIDADES

Recorta un gran sol amarillo y pega alrededor de ese sol o haz que dibujen todo lo que vive gracia a él.
- Herbívoros: abejorro, hipopótamo, oveja, conejo, elefante, jirafa, cebra, vaca, koala, cervatillo, dromedario, marmota, asno y caballo.
- Carnívoros: rana, tiburón, serpiente, tigre, orca, suricato, búho, migala.
- Omnívoro: mapache, oso pardo, lobo y oso polar.
- No te olvides del hombre: niño, mujer, hombre, personas mayores.

El sistema solar

Edad: 4 años

Material

- Tarjetas de nomenclatura de los planetas con el nombre inscrito en la parte inferior
- Otras cartas representando los mismos planetas sin su nombre
- Las etiquetas con los nombres de los planetas
- 1 cuerda con unos nudos, cada uno de ellos indicará la posición de los planetas

Presentación

1. Coge las tarjetas con el nombre de los planetas y dale al niño informaciones sobre cada planeta.
2. Enséñale al niño en la cuerda la posición de cada planeta en relación con el Sol (representado por un disco amarillo).
3. Haz una lección en tres pasos para enseñarle el nombre de los planetas.
4. Propón al niño que trabaje con las tarjetas de nomenclatura para emparejarlas y si sabe leer, que ponga las etiquetas debajo de cada planeta.
5. Pídele al niño que se autocorrija mirando las tarjetas que tengan nombre.

Las diferentes partes del cuerpo humano

Edad: 4 años

Material

- Tarjetas de nomenclatura con una representación del cuerpo humano con las diferentes partes del cuerpo: la cabeza, el cuello, los hombros, los brazos, el pecho, el vientre, etc. En la imagen, la parte del cuerpo a la que se refiere la tarjeta está coloreada y su nombre escrito debajo
- Otras tarjetas que representen las mismas partes del cuerpo con la misma parte coloreada, pero sin el nombre escrito debajo
- Las etiquetas con los nombres de las diferentes partes.

Presentación

1. Haz una presentación idéntica al resto de tarjetas de nomenclatura.
2. Propón una lección en tres pasos para aprender las diferentes partes del cuerpo.
3. Da unas breves explicaciones sobre cada parte del cuerpo.
4. Invita al niño a que realice la autocorrección si sabe leer.

¿De dónde proceden?

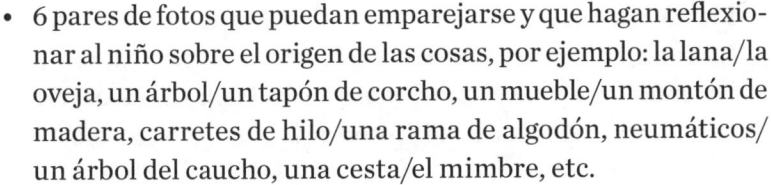
Edad: 4 años

Material

- 6 pares de fotos que puedan emparejarse y que hagan reflexionar al niño sobre el origen de las cosas, por ejemplo: la lana/la oveja, un árbol/un tapón de corcho, un mueble/un montón de madera, carretes de hilo/una rama de algodón, neumáticos/un árbol del caucho, una cesta/el mimbre, etc.

Implementamos la autocorrección con pegatinas del mismo color para las fotos que formen una pareja.

Presentación

1. A través de una corta presentación, haz una descripción de cada una de las imágenes.
2. Haz dos columnas: de un lado, las cosas fabricadas; del otro, el material de origen, las dos columnas sin un orden particular.
3. Coge una foto de algo fabricado y pregúntale al niño si sabe con qué material se ha fabricado. Coge la imagen del material reconocido por el niño y coloca las dos fotos, una al lado de la otra, en sentido horizontal.
4. Debajo del anterior par de fotos, coloca una foto de un objeto fabricado y vuelve a hacerle al niño la misma pregunta.
5. Sigue así hasta que se agiten las imágenes.
6. Haced la autocorrección dando la vuelta a las imágenes.
7. En caso de respuestas erróneas, averigua por qué se han cometido errores.

La línea de vida de algunos animales

Edad: 4 años

Material

- Frisos con imágenes o fotografías del ciclo de varios animales (la rana, la hormiga, la mariposa, el polluelo, etc.), hay que hacer un friso para cada animal, y en cada uno de estos frisos, escribir por debajo de cada fotografía o imagen su nombre
- Las mismas fotografías o imágenes pero sin nombre
- Las etiquetas con el nombre

Presentación

1. Invita al niño a que despliegue el friso.
2. Propón al niño a que realice un emparejamiento de las imágenes y de las fotografías colocándolas debajo de las que se encuentran en el friso.
3. Si el niño sabe leer, pídele que coloque las etiquetas donde figuran los nombres debajo de esas imágenes.
4. Dile al niño que dé la vuelta al friso y lo ponga bocabajo.
5. Proponle coger las imágenes individuales, mezclarlas y reconstituir el ciclo del animal.
6. Si lee, invítale también de nuevo, a colocar debajo de las fotos las etiquetas con los nombres.
7. Para terminar, ofrécele realizar la autocorrección dando la vuelta al friso que contiene la información completa.

Tarjetas de nomenclatura de las diferentes partes de los animales

Edad: 4 años

Material

- 1 conjunto de tarjetas con el mismo dibujo de un mismo animal; en cada tarjeta coloreamos de rojo una parte del cuerpo del animal, y en la parte inferior de la tarjeta, escribimos el nombre de la parte coloreada
- 1 conjunto de tarjetas con el mismo dibujo del mismo animal y la misma parte coloreada de su anatomía, pero sin nombres
- Las etiquetas con los nombres de esas partes

Presentación

1. Invita al niño a colocar en una línea horizontal y de izquierda a derecha el conjunto de tarjetas sobre las cuales aparecen las partes del animal y sus nombres.
2. Comenta las diferentes partes.
3. Si no sabe leer, realiza una lección en tres pasos para enseñarle cada una de esas partes. Si sabe leer, proponle leer los nombres.
4. Ofrece al niño emparejar las tarjetas, poniendo debajo de las que tienen nombre, las que representan las mismas partes pero sin nada escrito.
5. Si no lee, párate aquí.
6. Si el niño sabe leer, proponle poner una etiqueta con el nombre bajo cada pareja de tarjetas.
7. Pon boca abajo la tarjeta completa (con nombre).
8. Mezcla las etiquetas y pregúntale al niño que las vuelva a colocar en el sitio correcto.
9. Pídele que se autocorrija dando la vuelta a las tarjetas.

Tarjetas de nomenclatura de botánica

Edad: 4 años

Material

- 1 conjunto de tarjetas que contenga el mismo dibujo de una flor (o de un árbol, o de una hoja); en cada tarjeta, coloreamos de rojo una parte de la flor (o del árbol, o de la hoja) y en la parte inferior de la tarjeta, escribimos el nombre de la parte coloreada
- 1 segundo conjunto de tarjeta comportando el mismo dibujo de la misma flor y idéntica parte coloreada, pero sin nada escrito.
- Las etiquetas con los nombres de estas partes

Presentación

1. Invita al niño a que coloque en una línea horizontal, y de izquierda a derecha el conjunto de las tarjetas en las cuales vienen los dibujos y el nombre de las partes de la flor (de la hoja, o del árbol).
2. Comenta estas diferentes partes.
3. Si no sabe leer, haz una lección en tres pasos para que aprenda cada una de esas partes. Si sabe leer, proponle que lea el nombre.
4. Invítale a que forme parejas, poniendo debajo de las tarjetas con nombre, las tarjetas que representan partes idénticas pero sin nada escrito.
5. Si no sabe leer, párate en este punto.
6. Si lee, ofrécele que ponga las etiquetas con el nombre por debajo de cada pareja formada.
7. Pon boca abajo la tarjeta completa (con el nombre de la parte escrita).
8. Mezcla las etiquetas con los nombres y pídele al niño que las coloque bajo las tarjetas que les correspondan.
9. Pídele al niño que realice la autocorrección dando la vuelta las tarjetas que contienen el nombre escrito.

Clasificación de frutas y verduras

Edad: 4 años

Material

- 1 cesta
- 6 frutas y 6 hortalizas
- Etiquetas en las cuales habremos escrito la palabra «fruta» y la palabra «hortaliza»

Presentación

1. Coge la cesta con las frutas y las verduras.
2. Propón al niño que las coja, las toque, las huela, las sienta, que observe sus colores, sus formas, etc.
3. Haz una descripción al niño de esas frutas y verduras.
4. Coge las etiquetas con la palabra «fruta» y «verduras» y colócalas una al lado de la otra, yendo de izquierda a derecha.
5. Explícale al niño que está escrito «fruta» y «verduras» y que vais a clasificar las frutas y las verduras.
6. Coge una fruta y dile al niño: «Esto es una fruta» y déjalo bajo la etiqueta «fruta».
7. Coge una verdura y dile: «Esto es una verdura» y déjalo bajo la etiqueta «verdura».
8. Sigue ordenando el contenido de la cesta de la misma manera.
9. Luego propón al niño que haga el ejercicio solo.

YENDO MÁS ALLÁ...

Prepara unas tarjetas con fotos de las mismas frutas y verduras y haz la clasificación usando las etiquetas «frutas» y «verduras».

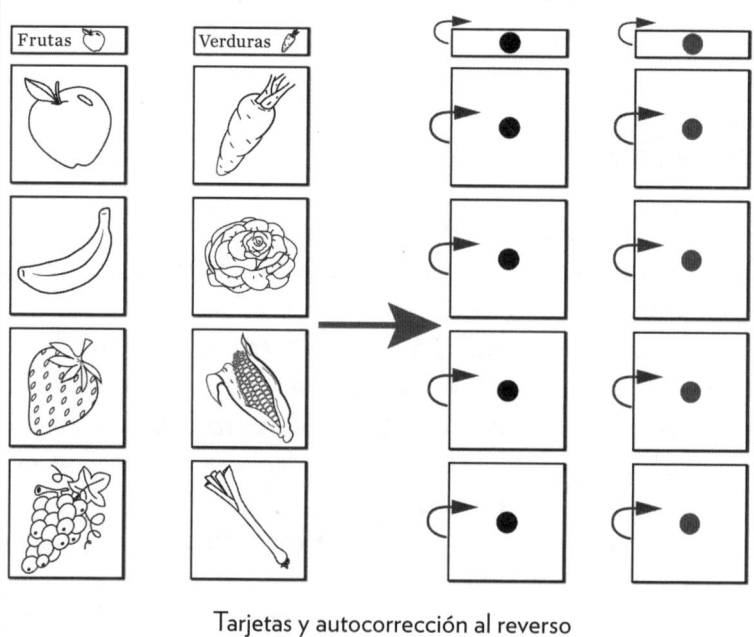

Tarjetas y autocorrección al reverso

Clasificación del interior y del exterior de la fruta y de la verdura

Edad: 4 años

Material

- Frutas y verduras (u hortalizas), un número idéntico de piezas para cada categoría.
- 1 cesta
- 1 tabla para cortar
- 1 cuchillo
- Imágenes del exterior y del interior de estas mismas frutas y verduras (sin olvidar la autocorrección al reverso de las imágenes)
- 1 alfombra

Presentación

1. Coge una fruta y córtala en dos, enséñasela al niño para que observe su interior y déjala al lado.
2. Coge una verdura, córtala en dos, y muéstrasela al niño para que observe su interior y déjala al lado.
3. Prosigue de la misma manera con el resto de las frutas y verduras.
4. Coge las imágenes de las apariencias externas e interiores de las frutas y verduras.
5. Coge la imagen de una verdura y ponla en la parte superior de la alfombra o de la mesa.
6. Busca la imagen del interior de esa misma verdura y colócala a la derecha de la verdura entera.
7. Sigue así y/o propón al niño que continúe.
8. Dale la vuelta a las imágenes para efectuar la autocorrección.

Línea de la vida de las plantas

Edad: 4 años

Material

Hacemos varios frisos representando la línea de vida de diferentes plantas (flores, o frutas, o semillas) y un conjunto de tarjetas de nomenclatura organizado de la siguiente manera:
- 1 tarjeta con el nombre
- 1 tarjeta sin el nombre
- 1 etiqueta con el nombre escrito

Presentación

1. Propón al niño que se instale sobre una alfombra y que mira con atención las imágenes del friso que ilustran el ciclo vital de una plantas. Coméntalo y descríbelo con él.
2. Invita al niño a que haga una asociación visual de la tarjeta sin nombre. Podrá corregirse usando el friso como referencia.
3. Si sabe leer, ofrécele poner las etiquetas con los nombres.

Las partes de un volcán

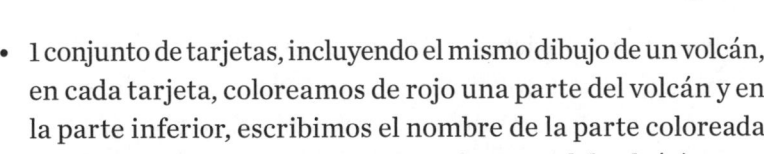

Edad: 4 años

Material

- 1 conjunto de tarjetas, incluyendo el mismo dibujo de un volcán, en cada tarjeta, coloreamos de rojo una parte del volcán y en la parte inferior, escribimos el nombre de la parte coloreada (cuidado: una tarjeta ilustra una sola parte del volcán)
- 1 segundo conjunto de tarjetas que incluya el mismo dibujo del mismo volcán y de la misma parte coloreada pero sin nombre
- Las etiquetas con los nombres de las respectivas partes

Presentación

1. Coge las tarjetas con los nombres y preséntalas al niño.
2. Si no sabe leer, haz una lección en tres pasos para enseñarle el vocabulario.
3. Colócalas una al lado de la otra, de izquierda a derecha.
4. Si sabe leer, el niño podrá colocar debajo de las tarjetas con nombre, las que no tienen nada escrito correspondientes y después colocará las etiquetas.
5. Cuando el niño conozca el conjunto del vocabulario que corresponde a las tarjetas ilustradas, retoma el conjunto del material y mezcla las tarjetas.
6. Coloca las tarjetas con los nombres de las diferentes partes del volcán en una línea horizontal, una al lado de la otra.
7. Si el niño no lee, propón emparejarlas con las tarjetas sin nombre.
8. Para el niño que ya lee, proponle también hacer lo mismo pero con las tarjetas con nombre bocabajo, el niño puede colocar las etiquetas debajo de las tarjetas sin nombre que ilustran las partes citadas en ellas.
9. Pídele al niño que realice la autocorrección con las tarjetas con nombre.

Las diferentes partes de la Tierra

Edad: 4 años

Material

- 1 conjunto de tarjetas, todas con el mismo dibujo de la Tierra; en cada tarjeta, coloreamos en rojo, una parte diferente del planeta y en la parte inferior escribimos el nombre de la parte coloreada (cuidado: una tarjeta ilustra una sola parte)
- Un segundo conjunto de tarjetas idénticas pero sin el nombre de la parte ilustrada escrito en la parte inferior
- Las etiquetas con el nombre de esas partes

Presentatión

1. Coge las tarjetas con los nombres y preséntaselas al niño.
2. Si no sabe leer, haz una lección en tres pasos para enseñarle el vocabulario.
3. Colócalas una al lado de la otra formando una línea horizontal.
4. Si sabe leer, el niño podrá colocar por debajo de las tarjetas con nombre, las que no tienen nada escrito que les corresponden, luego podrá poner las etiquetas.
5. Cuando el niño sepa el conjunto del vocabulario relativo a las tarjetas ilustradas, retoma el conjunto del material y mezclas las tarjetas.
6. Forma una línea horizontal de izquierda a derecha con las tarjetas completas (con el nombre de la parte escrito).
7. Para el niño que no sepa leer, ofrécele emparejar estas tarjetas con las que no tienen nada escrito.
8. Para el niño que ya lee, proponle también hacer lo mismo pero con las tarjetas con nombre bocabajo, el niño puede colocar las etiquetas debajo de las tarjetas sin nombre que ilustran las partes citadas en ellas.
9. Pídele al niño que realice la autocorrección con las tarjetas con nombre.

Las estrellas y las constelaciones

Edad: 4 años

Material

- 12 tarjetas de nomenclatura con fondo negro constituidas con 12 pares de tarjetas compuestos por: una tarjeta con el nombre, otra sin el nombre y las etiquetas con nombre correspondiente
- Cartulina para hacer las constelaciones
- Modelos de constelaciones con agujeros representando las estrellas que permitirán al niño insertar palitos

Presentación

1. El trabajo del niño con las tarjetas de nomenclatura consistirá en efectuar un emparejamiento visual.
2. Haz una lección en tres pasos para enseñarle las diferentes constelaciones. También puedes darle algunas informaciones sobre cada una de ellas.
3. Si el niño sabe leer puede trabajar con las etiquetas con los nombres y autocorregirse.
4. Propón al niño que realice una constelación a partir de una de las tarjetas, agujereando una cartulina negra según el modelo que le hayas dado.

Fabricar papel

Edad: 4 años

Material

- Una cantidad grande de tiras de papel de periódico
- 1 cubo con agua
- Pétalos de flores secas
- Mosquiteras de ventanas
- 1 plancha para la ropa

Presentación

1. Invita al niño a que meta en el cubo con agua las tiras de papel de periódico.
2. Remueve con regularidad a medida que llena el cubo.
3. Cambia el agua con frecuencia para que esté limpia.
4. Dile al niño que remueva hasta que la consistencia sea la de una pasta un poco espesa.
5. Añade los pétalos de flores secas.
6. Pon una capa fina de esa pasta sobre las mosquitera y deja que se seque.
7. Una vez seca, retírala del marco y propón al niño que la planche para que quede más lisa.

Observando las hojas

Edad: 4 años

Material

- 1 gran hule
- Pequeñas bolsas de plástico transparentes
- 1 lupa

Presentación

1. Invita al niño a que salga y recoja todo tipo de hojas de arboles que pueda encontrar.
2. Pídele que las meta con delicadeza en las pequeñas bolsas de plástico transparentes.
3. Ofrécele luego observar con atención las nervaduras de las hojas, sus bordes, sus limbos (habiendo hecho una lección en tres pasos para enseñarle ese vocabulario).
4. Si tienes el gabinete de botánica Montessori, dile que compare las hojas recogidas con las del gabinete y que deduzca su nombre.

Capítulo 11
Motricidad

Topponcino

Edad: Recién nacido

El topponcino es un pequeño colchón de algodón muy flexible, de forma oval, con una funda que se puede cambiar con facilidad, se usa para sostener al recién nacido. Con este colchón, el bebé está acurrucado y, además, su cabeza está sujeta; esto transmite una gran sensación de seguridad para la mamá y el bebé o cualquier otra persona que lo coja en brazos. Esta comodidad de uso permite dejar el bebé en contacto permanente con el topponcino, en cualquier sitio donde se encuentre y de conservar la temperatura y olores conocidos por el recién nacido.

Gracias al topponcino, el bebé no se despierta cuando pasa de estar dormido en brazos a quererlo acostar.

Alfombra de actividades

Edad: Recién nacido

Material

- 1 alfombra de alrededor de 1,20 x 1,20m hecha de cuadrados de diferentes materiales y texturas: rugoso, liso, resbaladizo, satinado, etc.

Podemos usar cuadrados de diferentes tipos de telas: algodón, microfibra, antelina, terciopelo, etc., y con diferentes tipos de motivos pero siempre combinados de manera armoniosa. La alfombra puede tener también pequeñas cintas, un cascabel, etc., cosas pequeñas que pueda agarrar pero que no sean peligrosas para el niño.

Presentación

1. Instala la alfombra de actividades en el área de juegos del niño. Lo ideal es enganchar un espejo con una barra a lo largo de uno de los lados de la alfombra y una estantería baja en la cual pondrás cestas con sonajeros, pelotas, etc., y algunos libros.
2. Puedes también colocar un pórtico de madera con el fin que el niño desarrolle su motricidad fina.
3. Deja el niño sobre la alfombra de actividades lo más a menudo posible, si puedes descalzo para que pueda tocar también las diferentes texturas con sus pies y tomar consciencia de su esquema corporal.
4. Quédate no muy lejos de él para observarle.
5. Poco a poco el bebé aprenderá a rodar sobre si mismo e ir hacia sus juguetes o hacia el espejo para mirarse, observar la estancia en la que se encuentra y luego agarrar la barra horizontal para ponerse de pie.

El pórtico

Edad: Recién nacido

El pórtico de madera es un elemento esencial en el entorno del bebé en el Nido* o en casa. Este elemento está concebido para que se puedan colgar en él los elementos que queramos, a la altura que deseemos. Colocamos el bebé debajo del pórtico sobre una alfombra mullida o una suave piel de borrego.

Habrá que asegurarse de que los objetos sean seguros, fabricados con elementos no nocivos, materiales nobles (sin demasiado plástico) y respetuosos del medio ambiente.

Es una buena estimulación para los músculos del bebé, el despertar de su inteligencia (le permite entender la causalidad), la coordinación de las manos con sus ojos, etc.

El bebé será feliz pasando un rato debajo del pórtico, pero tiene que sentir una presencia a proximidad; por tanto, no hay que dejarle solo o correríamos el riesgo que asocie el pórtico con abandono.

El pórtico tiene que ser muy estable, porque el niño tiene mucha fuerza. Interesa también cambiar con regularidad los objetos (anillos de madera, pompones de lanas, peltas de goma, conchas, etc.) que estén colgados en él.

Estos objetos serán en un principio en blanco y negro, luego introduciremos los tres colores primarios y más adelante todos los colores podrán ser usados.

---

*Se ha mantenido la palabra italiana usada en el texto original con la mayúscula la cual hace referencia a la escuelas. *(N. del T.)*

El espejo y la barra

Edad: nada más nacer

Se trata de un material de actividades y estimulación fundamental en la pedagogía Montessori y en la psicología del niño.

El espejo tiene que ser rectangular, lo más sencillo posible y lo colocaremos a lo largo de la alfombra de actividades en casa o en la guardería. Esta disposición permitirá reflejar formas y colores.

Lo instalaremos al nivel del suelo, en horizontal, y marcará uno de los lados del espacio de actividades del bebé. Cuidado con la seguridad del bebé en relación con este objeto. Hay que asegurarse de que el espejo esté sujeto con solidez a la pared y no tener ningún objeto pesado a proximidad que pudiera caerle encima.

Este espejo es un elemento muy importante: cuando el bebé se da la vuelta solo y queda sobre el vientre, puede levantar la cabeza y ver su imagen. Puede también reptar y acercarse hasta tocarlo con la frente, lamer su reflejo, sentir la superficie fría o intentar tocar su propia imagen reflejada y ver por primera vez sus emociones.

El espejo no estimula solamente la visión, permite asimismo al bebé ser consciente de los movimientos del mundo exterior y de los miembros de su familia. En la guardería descubrirá a los otros bebés y podrá sonreírles.

A medida que su vista va en aumento, su campo de visión se ensancha al igual que su comprensión.

Gracias al espejo, el bebé puede tener una visión de lo que ocurre detrás de él y no asustarse por la llegada silenciosa de un adulto o por un ruido a su alrededor del cual no tiene ninguna información salvo auditiva.

El espejo también refleja la luz; por tanto, añade esta última en el espacio de actividades. Cuidado con los rayos de sol que podrían deslumbrar al bebé.

De igual importancia es el hecho de añadir una barra de apoyo delante del espejo. Permitirá al bebé desarrollar los músculos de los brazos, su equilibrio y poco a poco ejercitarse en alcanzar la posición erguida. Como el niño se dejará caer al principio, tendremos que poner una alfombra gruesa debajo de la barra.

Con esta disposición, el bebé podrá ver la totalidad de los movimientos que le permiten pasar de una postura horizontal a una vertical. En ese momento, el espejo tiene ser muy ancho y tan grande como el bebé.

De manera progresiva, el bebé va a entender que el que ve en el espejo es él mismo.

Cuando el bebé pueda sentarse solo, podremos darle pequeños espejos que sean seguros para que puedan reenviarle la imagen de una parte de sí mismo.

En el entorno de la guardería o del aula, es importante prever unos espejos que permitan a los niños verse en un plano horizontal; y en casa no olvidemos el espejo cerca del lavabo para que el niño pueda limpiarse la cara o los dientes.

El correpasillos

Edad: a partir de los 10 meses

El correpasillos tiene que ser muy estable y pesar más que el niño para no volcar bajo su peso. Permite al niño que todavía no anda, avanzar apoyándose en él. Desde un punto de vista psicológico, este objeto sostendrá al niño en sus esfuerzos, su perseverancia y su alegría al verse crecer y acceder a una postura vertical.

Es importante escoger bien el correpasillos según estos criterios que son en resumen los de apoyar el desarrollo de la motricidad de un niño que no camina todavía.

El niño, además, disfrutará colocando sus juguetes dentro y paseando con él, ayudando así a reforzar sus estimulos.

CONCLUSIÓN

Las actividades que os hemos propuesto demuestran que es posible implementar la pedagogía Montessori en casa.

Sin embargo, es importante no hacerlo de cualquier manera y es imprescindible respetar las presentaciones tal y como están explicadas. La razón tras ello es la siguiente: la pedagogía Montessori es una pedagogía científica establecida por Maria Montessori en calidad de médico.

Observó los niños y elaboró en función de ellos su método y la manera de presentarles el material. **Cada postura, cada gesto, tiene su razón de ser y persigue unos objetivos concretos,** pero también indirectos, ambos esenciales para buen desarrollo y el bienestar del niño.

Por ejemplo, el hecho de ofrecer las presentaciones de izquierda a derecha tiene como meta indirecta preparar al niño para la lectura y la escritura. De esta manera el niño graba de manera inconsciente esa dirección y no escribirá en el sentido equivocado y facilitará su aprendizaje de la lectura más adelante. Por supuesto, para los niños que están aprendiendo, por ejemplo, el árabe, tendremos que hacer todo al revés, de derecha a izquierda.

Otro caso similar es el gesto de la «pinza», para coger cualquier objeto con el pulgar, el índice y el dedo corazón. La «pinza» también es una preparación indirecta a la escritura; el niño que haya realizado varios ejercicios cogiendo con este gesto sus elementos, cuando tenga que aprender a escribir, cogerá de manera correcta y automática su lápiz.

El hecho de exigir al niño que termine la actividad que está realizando es algo primordial para que aprenda que en la vida, hay que terminar lo que se empieza antes de emprender otra cosa. El adulto, por lo tanto, debe siempre ofrecer al niño una actividad adaptada y que sea capaz de acabar.

Al final, nos damos cuenta que todas estas actividades otorgan al niño unas bases solidas en relación con su porvenir facilitando sus futuros aprendizajes por ejemplo. Hay que añadir además, que permiten el desarrollo de la autonomía, de la confianza en sí, de la independencia, de la concentración, unos valores fundamentales para el niño, y el adulto de mañana.

No nos olvidemos que la pedagogía Montessori no es solo una simple pedagogía, estamos ante una filosofía de vida. Y de hecho, de nada sirve organizar todas estas actividades si los adultos no adoptan actitudes Montessori. Maria Montessori consideraba que la educación era el único medio de instaurar la paz en el mundo, algo que tenemos que tener en mente en nuestro comportamiento relacionado con la transmisión de cara al niño.

Las actividades de cultura tienen una genuina importancia a la hora de que el niño adquiera un mayor conocimiento del mundo en el que vive, de sus habitantes, de su manera de vivir, y de sus diferentes culturas. Todo esto tiene como finalidad entender al otro, respetarlo, evitando así, las reacciones de rechazo frente a quien vive de modo diferente.

CONCLUSIÓN

Es importante que a través de numerosas actividades, el niño sea consciente del hecho que la naturaleza, el arte y otras muchas cosas en nuestro mundo, son hermosas y por lo tanto, como persona, su papel es esencial en la preservación de toda esta belleza y armonía.

La preparación, implementación y presentación de todas estas actividades, serán la prueba para tu hijo de que otorgas muchísima importancia a darle lo mejor para que alcance su plenitud a medida que va progresando en su desarrollo.

Por otro lado, realizar todas estas actividades juntos es un verdadero placer para el niño, pero también para el adulto. Tener que observar al niño con atención para saber lo que más le conviene, permite al adulto descubrir a su pequeño de otra manera y verle con otros ojos.

La observación y cada una de las acciones se concentran en preparar un entorno mejorado como respuesta a las profundas necesidades de construcción del niño. Se genera entonces en el niño un sentimiento de confianza hacia el adulto que le cuida, creando una hermosa y duradera relación que se mantendrá cuando el niño crezca. El desarrollo del lenguaje ligado a todas estas actividades permite también tejer un comunicación solida entre los dos. Este vínculo es un hecho fundamental a la hora de construir unas buenas relaciones. Al emplear un vocabulario correcto y preciso, el niño siente que le entienden mejor y comprende mejor lo que se le dice.

La atención prestada a la reacción del niño delante de una actividad presentada y como va a realizarla es fundamental. La actitud y las palabras tienen consecuencias muy importantes: tenemos que mostrar que disfrutamos de verdad con estos momentos compartidos y que el niño tiene todo nuestro tiempo. Hay que tener siempre palabras positivas, nada de «no, te has confundido» ni juzgarle, ni suspiros de desaliento, ni muestras de cansancio si el niño no lo consigue o no lo hace de forma correcta. Si el niño no lo consigue, es que la actividad seleccionada no es la adecuada y con toda tranquilidad, hay que posponerla. Si el niño no realiza el ejercicio como debería ser ¿será quizás que se ha cansado de él?

El adulto debe, por otra parte, estar siempre dispuesto a ponerse en entredicho. Al cuestionarse, evolucionará en comportamiento, su manera de pensar y en como ser mejor persona.

Tengamos en mente esta frase de Maria Montessori, extraída del libro *El Niño* (Desclée de Brouwer, 2006):

> «El niño es el constructor del adulto. Sobre el niño recaerán y se moldearán todos nuestros errores, él será el que lleve las consecuencias indelebles de ello en su vida de persona madura. Tocar un niño, es tocar el punto más sensible de un todo cuyas raíces se encuentran en el pasado y que apuntan hacía el infinito, un punto en el cual todo se puede renovar. Trabajar para el niño, con la prodigiosa intención de salvarlo, equivaldría a conquistar el secreto de la humanidad».

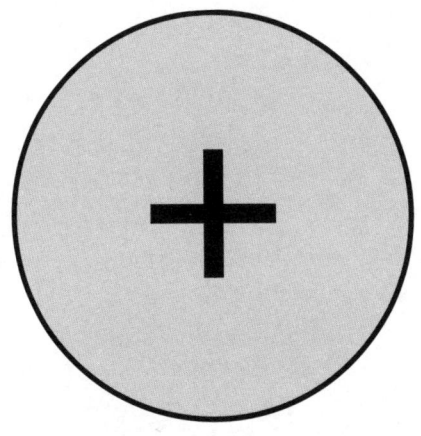

ANEXOS

ÍNDICE DE ACTIVIDADES POR GRUPO DE EDAD

0-2 AÑOS

A-B-C-D

Alfombra de actividades 246
Bolsa misteriosa y emparejar objetos 119
Clasificación por colores 114
Clasificación por estaciones 118
Clasificación por formas 115
Clasificación por tamaño 117
Diferentes cantos de pájaros 1 111
Diferentes cantos de pájaros 2 112

E-F

Ejercicios de emparejamiento 100, 106, 108, 110
El correpasillos 250
El espejo y la barra 248
El memory 113
Escurrir una esponja 36
Formando parejas con objetos reales 160

I

Imágenes en blanco y negro 103

L

La biblioteca 155
La granja, el garaje o la casa de muñecas 159
Libros sonoros 109
Llevar una bandeja 33
Los móviles 104

P

Pelotas con diferentes texturas 106
Pórtico de madera 246, 247

R-S-T

Réplicas de objetos 162
Sonajeros colgados 107
Tarjetas de nomenclatura 152, 163, 164
Topponcino 245
Trasvasar pasta grande (macarrones) 31
Trasvasar pelotas de ping-pong con un colador 35
Trasvasar semillas de un vaso de chupito a otro 34
Tubos o botellas sensoriales para los pequeños 108

2-4 AÑOS

A-B

Abrir un candado 48
Abrir y cerrar cajas 54
Abrir y cerrar cajas que se acoplan con objetos por descubrir 69

Acontecimiento del presente y el pasado 215
Agua, aire y tierra 195
Algoritmos 122, 123
Aprender a pegar 60
Asociación objetos-letras 180
Atornillar y desatornillar con destornilladores 59
Barrer 62
Bastidores para vestirse 56, 66
Bolsa misteriosa con objetos comunes 126

C

Cifras rugosas 142
Clasificar usando pinzas 51
Coger conchas de caracoles 44
Colección de animales 206
Colgar un abrigo de una percha 56
Cortar papel 57

D-E

Describir una imagen 168
Ejercicios de gracia y cortesía 46
Ejercicios sobre la línea 49
El área de arte y manualidades 194
El calendario del tiempo meteorológico 212

El ciclo del agua 200
El friso con los 12 meses del año 214
El friso cronológico del niño 191
Enhebrar perlas 58
Enroscar y desenroscar tapas de botes 53
Enroscar y desenroscar tuercas y tornillos 55

F

Familias de animales 171
Flota / se hunde 198
Formas de tierra y agua 201

I-J

Imágenes secuenciales 170
Imán 199, 202, 203
Juego de asociación símbolo / cantidad 143
Juegos con sonidos y objetos 175
Juegos de recuentos 141

L

La carpeta de las letras 182
La dirección del norte 199
La excursión del cumpleaños 192
La línea del tiempo con el día del niño 211
La línea del tiempo con la semana del niño 210
La mesa de la naturaleza 204
La primera caja de colores 120
La segunda caja de colores 125
Las banderas de los países 216
Las estaciones 213
Lavarse las manos 64
Letras rugosas y/o arena 178
Llevar una silla 38
Llevar y desenrollar una alfombra 39
Los animales y su pelaje 209
Los animales y sus huellas 207
Los animales y sus ojos 208

M

Manipular pinzas para tender la ropa 43
Manipular pinzas para tender la ropa de diferentes colores 70
Mi ojito ve 175, 177

N

Noticias 169

P

Poner la mesa 45

T

Tarjetas con lupa 124
Tarjetas con pinzas 144
Tarjetas más abstractas y asociación de objetos 165
Tarjetas opuestas 167
Tarjetas que van juntas 166
Telas 127
Transferir con un cuentagotas 52
Trasvasar semillas con una cuchara 40
Trasvasar semillas de una jarra a otra 41
Trasvasar un líquido de un recipiente a otro 47
Trasvasar un líquido de un recipiente a otro marcado 68

U

Usar el plumero 63
Usar formas adhesivas 42
Usar un batidor de varillas 61

T

Vivo / no vivo 196
Vocabulario de los artistas 172

4-6 AÑOS

A

Aire y agua, experimento 1 217
Aire y agua, experimento 2 224

C

Caja de sonidos 132
Cifras y fichas 145
Clasificación de frutas y verduras 235
Clasificación del interior y del exterior de la fruta y de la verdura 237
Cortar una fruta o una verdura 82
Coser un botón 90

D-E-F

¿De dónde proceden? 231
Doblar la ropa 76
Doblar siguiendo la línea 75
El sistema solar 229
Explorar el reino vegetal 222
Exprimir una naranja 84
Fabricar papel 242
Frascos de olores 131
Frascos del gusto 130

ÍNDICE DE ACTIVIDADES POR GRUPO DE EDAD

I-L

Imágenes de niños y de continentes 221
La importancia del sol 226
La línea de la vida de algunos animales 232
La línea de la vida de las plantas 238
La tercera caja de colores 128
Las diferentes partes de la Tierra 240
Las diferentes partes del cuerpo humano 230
Las estrellas y las constelaciones 241
Las partes de un volcán 239
Las partes de una bandera 219
Lavar la ropa 86
Limpiar cristales 91
Limpiar la silla o la mesa 85
Limpiar un espejo + pulir un objeto 88
Limpiar unas conchas 80
Los continentes 220

M

Medir el tiempo 223

O-P-R

Observando las hojas 243
Ocuparse de las plantas 93
Ocuparse de un animal 94
Pelar una fruta o una verdura 82
Pinza colador para pasar objetos de un recipiente con agua a otro 71
Realizar un ramo para colocarlo en un jarrón 79

S-T-U

Sembrar semillas 92
Tarjeta de nomenclatura de botánica 234
Tarjeta de nomenclatura de las diferentes partes de los animales 233
Transferir gotas de agua sobre una jabonera con un cuentagotas 74
Trasladar garbanzos con una pinza de depilar 73
Trasvase de arena, nácar con la ayuda de un colador 72
Untar 83
Usar un martillo 78
Usar una maja 77

TABLA DE CONTENIDOS

Índice 5

Introducción 7
   Un adulto preparado 12
   Un entorno preparado 13
   El material 13
   Presentación de la actividad 16

PARTE 1. VIDA PRÁCTICA 21

Capítulo 1
Preparación y presentación 23
   Preparación de los ejercicios 25
   Presentación de los ejercicios 27
   Los diferentes tipos de ejercicios 29

Capítulo 2
Las actividades 31
     Transvasar pasta grande (macarrones) 31
     Llevar una bandeja 33
     Trasvasar semillas de un vaso de chupito a otro 34
     Trasvasar pelotas de ping-pong con un colador 35
     Escurrir una esponja 36

Llevar una silla 38
Llevar y desenrollar una alfombra 39
Trasvasar semillas con una cuchara 40
Trasvasar semillas de una jarra a otra 41
Usar formas adhesivas 42
Manipular pinzas para tender la ropa 43
Coger conchas de caracoles 44
Poner la mesa 45
Ejercicios de gracia y cortesía 46
Trasvasar un líquido de un recipiente a otro 47
Abrir un candado 48
Ejercicios sobre la línea 49
Clasificar usando pinzas 51
Transferir con un cuentagotas 52
Enroscar y desenroscar tapas de botes 53
Abrir y cerrar cajas 54
Enroscar y desenroscar tuercas y tornillos 55
Colgar un abrigo de una percha 56
Cortar papel 57
Enhebrar perlas 58
Atornillar y desatornillar con destornilladores 59
Aprender a pegar 60
Usar un batidor de varillas 61
Barrer 62
Usar el plumero 63
Lavarse las manos 64
Bastidores para vestirse 66
Trasvasar un líquido de un recipiente a otro recipiente marcado 68
Abrir y cerrar cajas que se acoplan con objetos por descubrir ... 69
Manipular pinzas para tender la ropa de diferentes colores 70
Pinza colador para pasar objetos de un recipiente con agua a otro 71

Trasvase de arena, nácar con la ayuda de un colador 72
Trasladar garbanzos con una pinza de depilar 73
Transferir gotas de agua sobre una jabonera con
un cuentagotas 74
Doblar siguiendo una línea 75
Doblar la ropa 76
Usar una maja 77
Usar un martillo 78
Realizar un ramo para colocarlo en un jarrón 79
Limpiar unas conchas 80
Pelar una fruta o una verdura 81
Cortar una fruta o una verdura 82
Untar 83
Exprimir una naranja 84
Limpiar la silla o la mesa 85
Lavar la ropa 86
Limpiar un espejo + pulir un objeto 88
Coser un botón 90
Limpiar cristales 91
Sembrar semillas 92
Ocuparse de las plantas 93
Ocuparse de un animal 94

PARTE 2. VIDA SENSORIAL 95

Capítulo 3
Preparación y presentación 97
La preparación del material 99
La presentación de los ejercicios 101

Capítulo 4
Las actividades 103
    Imágenes en blanco y negro 103

Los móviles 104
Pelotas con diferentes texturas 106
Sonajeros colgados.. 107
Tubos o botellas sensoriales para los pequeños................. 108
Libros sonoros 109
Emparejar... 110
Diferentes cantos de pájaros 1... 111
Diferentes cantos de pájaros 2... 112
El memory.. 113
Clasificación por colores 114
Clasificación por formas... 115
Clasificación por tamaño 117
Clasificación por estaciones 118
Bolsa misteriosa y emparejar objetos................................... 119
La primera caja de los colores 120
Algoritmos.. 122
Tarjetas con lupa.. 124
La segunda caja de colores 125
Bolsa misteriosa con objetos comunes................................ 126
Telas.. 127
La tercera caja de colores 128
Frascos del gusto 130
Frascos de olores... 131
Cajas de sonidos 132

PARTE 3. MATEMÁTICAS 135

Capítulo 5
Preparación y presentación 137
La preparación del material 138
La presentación de los ejercicios................................. 139

Capítulo 6
Las actividades 141
    Juegos con recuentos 141
    Cifras rugosas 142
    Juego de asociación símbolo / cantidad 143
    Tarjetas con pinzas 144
    Cifras y fichas 145

PARTE 4. LENGUAJE **147**

Capítulo 7
Preparación y presentación 149
    Preparación del material *151*
    Presentación de los ejercicios *153*

Capítulo 8
Las actividades – desarrollo del lenguaje 155
    La biblioteca 155
    La granja, el garaje o la casa de muñecas 159
    Formando parejas con objeos reales 160
    Réplicas de objetos 162
    Tarjetas de nomenclatura 163
    Tarjetas con imágenes concretas y asociación de objetos . 165
    Tarjetas que van juntas 166
    Tarjetas opuestas 167
    Describir una imagen 168
    Noticias 169
    Imágenes secuenciales 170
    Familias de animales 171
    Vocabulario con los artistas 172

Capítulo 9

Las actividades – la lectura 175
    Juegos con sonidos y objetos 175
    Mi ojito ve 177
    Letras rugosas y/o arena 178
    Asociación objetos-letras 180
    La carpeta de las letras 182

PARTE 5. CULTURA 183

Capítulo 10

Preparación y presentación 185
    La lección en tres pasos 187
        Primer paso 188
        Segundo paso 188
        Tercer paso 189

Capítulo 11

Las actividades 191
    El friso cronológico del niño 191
    La excursión del cumpleaños 192
    El área de arte y manualidades 194
    Agua, aire y tierra 195
    Vivo/no vivo 196
    Flota/Se hunde 198
    La dirección del norte 199
    El ciclo del agua 200
    Formas de tierra y de agua 201
    Aimant 202
    La mesa de la naturaleza 204
    Colección de animales 206
    Los animales y sus huellas 207
    Los animales y sus ojos 208

TABLA DE CONTENIDOS

Los animales y su pelaje 209
La línea del tiempo con la semana 210
La línea del tiempo con el día del niño 211
El calendario del tiempo meteorológico 212
Las estaciones 213
El friso con los 12 meses del año 214
Acontecimiento del presente y del pasado 215
Las banderas de los países 216
Aire y agua, experimento 1 217
Las partes de una bandera 219
Los continentes 220
Imágenes de niños y de continentes 221
Explorar el reino vegetal 222
Medir el tiempo 223
Aire y agua, experimento 2 224
La importancia del sol 226
El sistema solar 229
Las diferentes partes del cuerpo humano 230
¿De donde proceden? 231
La línea de vida de algunos animales 232
Tarjetas de nomenclatura de las diferentes partes
de los animales 233
Tarjetas de nomenclatura de botánica 234
Clasificación de frutas y verduras 235
Clasificación del interior y del exterior de la fruta y de la
verdura 237
Línea de la vida de las plantas 238
Las partes de un volcán 239
Las diferentes partes de la Tierra 240
Las estrellas y las constelaciones 241
Fabricar papel 242
Observando las hojas 243

Capítulo 11

Motricidad 245
    Topponcino 245
    Alfombra de actividades 246
    El pórtico 247
    El espejo y la barra 248
    El correpasillos 250

Conclusión **251**

Índice de actividades por grupo de edad **257**
    0-2 años *257*
    2-4 años *258*
    4-6 años *260*